La Cuisine de Ducasse par Sophie

Les Éditions
d'Alain Ducasse

Remerciements

Un grand bravo à Sophie pour avoir conservé dans ce livre l'esprit de ma cuisine en la rendant accessible à tous, avec le talent qu'on lui connaît.

Je l'en remercie très chaleureusement.

Alain Ducasse

Un grand, grand merci à Alain Ducasse qui a eu la simplicité de me laisser carte blanche pour travailler ces recettes, qui m'ont données beaucoup de plaisir.

Au chef Frédéric Vardon, gardien de l'esprit de la Cuisine d'Alain Ducasse.

À Emmanuel Jirou-Najou et toute son équipe sans qui ce livre n'aurait jamais vu le jour.

À Françoise Nicol et Catherine Madani pour les magnifiques photos et leur mise en scène.

À toute l'équipe et les clients de la Maison de Sophie pour leur participation active et gourmande.

Sophie Dudemaine

La Cuisine de Ducasse par Sophie

Les Éditions
d'Alain Ducasse

Sommaire

Les conseils de Sophie 8

Entrées 12

Bouillon de châtaignes	14
Soupe glacée de haricots blancs	16
Fine crème d'asperges	18
Crème de brocoli en cappuccino	20
Crème de moules de bouchot	22
Crème de potiron	24
Velouté de cresson	26
Crème d'ail	28
Champignons en omelette	30
Œufs au plat à la basquaise	32
Rissoles croustillantes de foie gras	34
Petite tourte de pommes de terre	36
Barbajuans d'hiver	38
Méli-mélo de tomates	40
Rougets froids à la niçoise	42
Sardines en escabèche	44
Terrine de foies de volaille	46
Terrine de foie gras	48
Noix de Saint-Jacques en salade	50
Hamburger de tomate mozzarella	52
Sucrines à la caesar	54
Salade niçoise à la monégasque	56
Ravioli de lapin	58

Poissons 60

Noix de Saint-Jacques en daube	62
Homard breton Newburg	64
Sole de petit bateau façon Riche	66
Pavé de saumon aux morilles	68
Pavé de saumon aux tomates confites	70
Filet de sole tartiné de crevettes	72
Solette dite « langue d'avocat »	74
Saint-pierre à la purée de courgettes	76
Filet de thon biscayenne	78
Sardines farcies « Riviera »	80
Langoustines rôties et tartelette aux légumes	82

Carpaccio de langoustines	84
Huîtres panées	86
Turbot aux morilles	88
Cabillaud demi-sel meunière	90
Blanc de bar et son beurre d'herbes	92
Colin à la palermitaine	94
Colin au chutney de pignon	96
Crevettes grises sautées au beurre demi-sel	98
Darioles de crevettes	100
Ecrevisses aux asperges	102
Tarte fine aux anchois	104

Viandes et volailles 106

Carré d'agneau aux épices	108
Souris d'agneau aux agrumes	110
Filet de bœuf et sa sauce bordelaise	112
Joues de bœuf en miroton	114
Entrecôte frites	116
Côte de bœuf du Charolais	118
Carré de porc rôti aux boudins noirs	120
Saltimbocca de veau	122
Médaillon de veau en grenadin	124
Jarret de veau caramélisé	126
Ris de veau finement pané aux cèpes	128
Foie de veau à la florentine	130
Rognons de veau de lait en fricassée à la moutarde	132
Epaules de lapin fondantes	134
Râble de lapin façon rognonnade	136
Magret de canard à l'orange	138
Foie gras frais aux pommes et aux raisins	140
Blancs de poulet en pojarski	142
Poulet en fricassée	144
Pigeonneau rôti aux gousses d'ail	146

Légumes 148

Petits farcis	150
Légumes d'hiver en cocotte	152
Légumes et fruits d'automne en gratin	154
Tourte pasqualine aux légumes	156

Mille-feuille croustillant de pommes de terre	158
Légumes au wok	160
Gnocchi de pomme de terre et cèpes	162
Gratin boulangère	164
Risotto aux courgettes et parmesan	166
Risotto aux tomates confites	168
Pâtes fraîches au pistou	170
Pâtes façon moulinier	172
Polenta moelleuse aux olives	174
Fricassée d'asperges vertes	176
Pommes boulangère	178
Céleri-rave aux échalotes	180

Desserts 182

Tarte sablée aux abricots	184
Paris-Monaco	186
Ananas à l'ananas	188
Banana speed	190
Macaron fourré au mascarpone	192
Vacherin aux cerises	194
Gelée de fruits au sauternes	196
Mousse au chocolat	198
Hérisson de chocolat	200
Notre fraisier	202
Gaufres	204
Tartelettes au fromage blanc et aux fraises	206
Coupe cheesecake	208
Coque de marrons et de noix	210
Gâteau de poires aux trois façons	212
Pommes cuites Tatin	214
Tian d'oranges	216
Mini-tartelettes au citron	218
Glace vanille, caramel, marrons	220
Sorbet chocolat, Sorbet griotte	222
Rhubarbe cuite à la vanille	224
Mini-tartelettes choco-caramel	226
Crêpes Suzette	228
Fondant de chocolat au thé	230

Les bases	232
Lexique	236
Index	240

Les conseils de Sophie

Faire plaisir et se faire plaisir, voilà deux grands principes dans l'art de recevoir

Une mise en place bien faite, une bonne organisation, c'est déjà une partie du succès assurée.
Avant toute chose, définissez la date de votre dîner et établissez la liste des invités.
Puis passez à l'élaboration du menu, qui va définir la liste des courses à faire.
Demandez au boucher ou au poissonnier de préparer comme vous le souhaitez les produits que vous commandez.
Demandez à votre caviste de vous conseiller des vins en accord avec votre menu et commandez différents petits pains individuels à votre boulanger, c'est toujours plus chic !
Préparez à l'avance le déroulement de vos recettes et anticipez tout ce qui peut être fait la veille.
Avant même de démarrer, sortez tous les ingrédients et les ustensiles dont vous aurez besoin.
À part certaines cuissons de viandes ou de poissons, démarrez votre repas le matin, la journée sera plus sereine.
Vous n'aurez plus qu'à remettre en température ou à assembler vos préparations.
Enfin, suivez pas à pas la recette et tout se passera bien.
Dernière recommandation, goûtez toujours vos plats afin de vérifier l'assaisonnement.
Il ne vous restera plus qu'à dresser une jolie table !!!

Mes ustensiles

On me demande souvent quels ustensiles j'utilise pour la réalisation de mes recettes.
Il n'est pas nécessaire d'en avoir toute une panoplie.
Je teste donc la plupart des ustensiles sur le marché pour définir les gadgets et les indispensables, et, surtout, ceux qui vont vous faire gagner du temps et cuisiner avec plaisir.
Voici quelques sites ou numéros de téléphone pour des catalogues où vous trouverez tous ces ustensiles. Un conseil, comparez les prix pour le même article !
www.epicuria.fr/ Tél : 0820-201-222
www.francisbatt.com/ Tél : 01-47-27-13-28
www.lacantiniere.com/ Tél : 0810-000-103
www.mathon.fr/ Tél : 0892-391-100
www.patiwizz.com / Tél : 0892-020-022

Les cercles en inox

Pour les recettes de ce livre, j'ai utilisé deux sortes de cercles que je vous conseille d'acheter. La présentation sur assiette de vos réalisations y sera pour beaucoup dans la réussite de votre dîner.
Le cercle à tarte de 10 cm de diamètre et 2 cm de hauteur, très utile pour présenter harmonieusement toutes les garnitures ou les tourtes individuelles.

Le cercle à entremets ou à mousses de 8 cm de diamétre et 4,5 cm de hauteur pour présenter vos desserts individuels et certaines garnitures.

Les moules

L'utilisation des moules en silicone nous facilite considérablement la vie, ils peuvent aller au congélateur, au four traditionnel, micro-ondes, faciles d'entretien ils n'ont pas besoin d'être graissés.
Attention, lors de vos achats de moules en silicone, certains moules bon marché ne sont pas toujours de bonne qualité.
Mes préférés : Proflex bordeaux de Tefal®, Flexipan noir de Demarle® et Elastomoule gris de DeBuyer®.
N'hésitez pas à réaliser vos préparations dans des moules de tailles et de formes variées mais pensez aussi aux verres, aux coupes ou ramequins qui vous permettront de présenter certains plats ou desserts individuellement, ce qui vous évitera d'avoir à couper une préparation délicate.

La balance

Rien n'est plus désagréable que de convertir les centilitres en décilitres ou de chercher un doseur dont les graduations correspondent aux indications des recettes.
J'ai résolu le problème en employant une balance électronique Ovelys de Tefal®.
Grâce à sa mesure des liquides en cl et dl, je ne me pose plus de questions.
Gain de temps, gain de vaisselle, à offrir ou à s'offrir absolument !!!

Le robot ménager KitchenAid®

Il est évident que vous pouvez tout réaliser dans un saladier avec un fouet et vos mains. Mais avec ce robot, quel bonheur et quel gain de temps !
Il sait tout faire et vous rendra service pendant de longues années. Indispensable !

Le mixer blender KitchenAid®

Parfait pour réussir les soupes, les pâtes lisses, les coulis, les jus de fruits, les milk-shakes, etc.

La grille ronde à pâtisserie ou volette

Pour démouler vos gâteaux et les laisser refroidir dessus.

La maxi pelle

Très large, elle est indispensable pour transporter vos préparations facilement.

Le tapis de cuisson en silicone multi-usages

Pour cuire ou réchauffer vos préparations directement sur la plaque.
Plus besoin de papier sulfurisé. Les aliments n'attachent plus !

Le siphon à chantilly

Pour éviter de monter la crème au batteur, pour la conserver plus longtemps, il vous suffit de verser la crème liquide dans le siphon et c'est prêt ! Magique !
N'oubliez pas de commander les cartouches qui vont avec.

La poche à douille avec les douilles

Idéale pour décorer vos gâteaux. Elle est également pratique pour garnir vos petits fours, éclairs... Ou remplir vos verres comme le fraisier. Achetez-la en nylon.

Un thermomètre stylo digital

Idéal pour la cuisson du sucre : petit boulé (115 °C), gros boulé (121 °C)… et la température du chocolat (45 °C) car lorsque vous faites fondre le chocolat et que vous lui incorporez par la suite un ingrédient comme des jaunes d'œufs, le chocolat doit absolument être tiède.

La gamme MicroPlus de Tupperware®

Pour réchauffer et cuire au micro-ondes, je n'ai pas trouvé mieux.
Incassables et inusables, vous ne pourrez plus vous en passer.
De préférence, achetez le pichet avec son couvercle.
Faire fondre son chocolat dedans est un réel plaisir !

Mais aussi un éplucheur économe, un zesteur, un fouet, un pinceau à pâtisserie, une maryse en silicone, un rouleau à pâtisserie, une cuillère en bois, une boîte de découpoirs ronds cannelés, une saupoudreuse à sucre glace, une planche en plastique, une spatule, une louche, un chinois ou passoire fine, un minuteur, un presse-citron OXO – Good Grips®, un séparateur à œuf, un couteau d'office, des emporte-pièces sans oublier un saladier ou un cul-de-poule, une série de casseroles et poêles.

À titre indicatif, j'utilise le four à micro-ondes Arthur Martin® EM2412 pour faire fondre le beurre, le chocolat ou chauffer le lait et le four multifonction Arthur Martin® FE6680X pour cuire toutes mes préparations, même sur 2 niveaux. Attention, nous ne possédons pas les mêmes fours. Les cuissons peuvent alors varier !
Pour les glaces et sorbets, j'ai choisi la turbine à glace Magimix®.

Les produits

Dans cet ouvrage, vous découvrirez les produits que j'utilise.
Plus vous choisirez des produits frais et naturels, meilleures seront vos préparations.
Néanmoins, nous n'avons pas toujours le temps ni les moyens d'acheter ces produits.
De plus, il y a des légumes comme les asperges vertes que vous ne trouverez pas toute l'année.
Pensez alors à utiliser des légumes ou des fruits en conserve (artichaut, poivron, tomate, poire…) ou surgelés (asperge, oignon, échalote, ail, cèpe, foie gras, fève…).
N'oubliez pas également d'acheter toutes les herbes surgelées (estragon, persil, cerfeuil, ciboulette…).
Il existe aussi en grandes surfaces des préparations « gain de temps », telles que des pâtes et des gnocchi frais, des dés ou allumettes de saumon fumé, des variétés de fromage à fondre, du caramel liquide, du nappage chocolat, de la crème anglaise…

Voici quelques informations sur les produits que j'ai testés et aimés.

La farine

J'utilise pour toutes mes recettes contenant de la levure, la farine Francine® à gâteau avec poudre levante incorporée.
Ainsi plus de problèmes de dosage de levure ni d'oubli.
Sinon utilisez la farine à gâteaux de votre choix.
Pour ma part, j'emploie la farine Francine® fluide.
Ayez toujours les deux dans votre placard.

Les aides à la pâtisserie

Dans le rayon « aide à la pâtisserie » de votre hypermarché, vous trouverez tous les ingrédients nécessaires pour vos desserts.
La vanille existe en arôme, en gousse ou en sachets.
J'utilise souvent la vanille en poudre.
N'hésitez pas à utiliser également les arômes naturels de citron et d'orange, d'amande amère ou de fleur d'oranger pour parfumer vos desserts.
Vous y trouverez aussi les amandes, la noix de coco, les cerneaux de noix, les pépites de chocolat, les fruits confits, la gélatine... Une vraie mine d'or !

Les aides à la cuisine

Vous trouverez en hypermarchés tous les fonds et les bouillons pour réaliser vos sauces.
N'hésitez pas à les acheter afin de les avoir en permanence dans vos placards.
Toutes mes recettes ont été réalisées avec :
Fond de veau, fond de volaille, fumet de poisson, bouillon de légumes
Bases culinaires déshydratées : vous les trouverez sous les marques Knorr® ou Maggi®.
Elles sont très simples d'utilisation, il vous suffira de mélanger 10 cl d'eau bouillante à 1 cuillère à café de fond déshydraté afin d'obtenir votre fond.

Bouillon de pot-au-feu, bouillon de légumes, bouillon de poule, bouillon de volaille, jus de veau, jus de rôti.
Bases culinaires en tablettes vous les trouverez sous les marques knorr® ou Maggi®.
Elles sont très simples d'utilisation, il vous suffira de mélanger 50 cl d'eau bouillante à 1 tablette afin d'obtenir votre bouillon.

N'hésitez pas à lire le mode d'emploi, tout y est indiqué.
Autre astuce importante, 1 cuillère à soupe de bouillon ou de fond équivaut à 1 cl.
Servez-vous d'une bouilloire électrique pour faire bouillir l'eau, cela vous fera gagner du temps.

La pâte à tarte

Rien ne peut remplacer une bonne pâte à tarte maison, mais nous n'avons pas toujours le temps de la préparer.
C'est pour cela que j'ai testé pour vous la marque CroustiPâte®. Ce fut un grand succès.
Que ce soit la pâte feuilletée, la pâte brisée, la pâte sablée ou la pâte à pizza, vous ne culpabiliserez plus de ne pas réaliser vos pâtes vous-même !

À vous de jouer maintenant !!!

Entrées

Bouillon de châtaignes

Soupe glacée de haricots blancs

Fine crème d'asperges

Crème de brocoli en cappuccino

Crème de moules de bouchot

Crème de potiron

Velouté de cresson

Crème d'ail

Champignons en omelette

Œufs au plat à la basquaise

Rissoles croustillantes de foie gras

Petite tourte de pommes de terre

Barbajuans d'hiver

Méli-mélo de tomates

Rougets froids à la niçoise

Sardines en escabèche

Terrine de foies de volaille

Terrine de foie gras

Noix de Saint-Jacques en salade

Hamburger de tomate mozzarella

Sucrines à la caesar

Salade niçoise à la monégasque

Ravioli de lapin

Entrées

Bouillon de châtaignes

pour 6 personnes

3 filets de poulet, de pintade
ou de poule faisane
3 échalotes
6 gousses d'ail
700 g de châtaignes au naturel
en bocal ou surgelées
1 litre de bouillon de poule
65 cl de crème liquide
10 cl de cognac
3 c. à s. d'huile d'olive
30 g de beurre
sel, poivre du moulin

Préparation du bouillon

Coupez les filets de poulet en lamelles.

Dans une cocotte, faites dorer dans l'huile et le beurre chaud, à feu vif, les lamelles de poulet.

Ajoutez les échalotes en lamelles et les châtaignes. Poivrez.

Laissez mijoter à feu doux tout en remuant pendant 3 minutes.

Versez le cognac dans la cocotte.

Mélangez le tout en décollant bien tous les sucs.

Ajoutez le bouillon de poule et laissez mijoter à feu doux pendant 30 minutes

Ajoutez 50 cl de crème liquide et poursuivez la cuisson encore 20 minutes.

Mixez le tout dans un mixer blender ou à l'aide d'un mixer plongeant.

Filtrez le bouillon à l'aide d'un chinois ou d'une passoire fine. Rectifiez l'assaisonnement.

Finition et présentation

Fouettez le reste de crème liquide bien froide jusqu'à ce qu'elle soit épaisse et mousseuse.

Versez le bouillon chaud de châtaignes dans des assiettes creuses et posez dessus un peu de crème fouettée à l'aide d'une poche à douille cannelée ou d'une cuillère à soupe.

Décorez de pluches de cerfeuil et servez aussitôt.

« *Vous pouvez préparer ce bouillon avec des châtaignes fraîches, auquel cas il faudra ébouillanter les châtaignes 1 minute pour les peler avant de les cuire.*
Vous pouvez accompagner ce bouillon d'une carotte, d'un blanc de poireau, d'un quart de céleri-rave et d'un quart de chou vert coupés en dés et revenus dans 30 g de beurre et 5 cl de fond de volaille.
Le must : ajoutez 60 g de truffe blanche râpée ou 6 cèpes crus émincés finement. » **Sophie**

Entrées

500 g de haricots cocos frais écossés
ou surgelés
50 cl de fond de volaille
50 cl de crème liquide
5 c. à s. d'huile d'olive
1 branche de romarin
4 feuilles de sauge
sel, poivre blanc du moulin

Soupe glacée de haricots blancs

pour 6 personnes

Réalisation de la soupe

Dans un faitout, mettez les haricots, le fond de volaille, la crème, le romarin et la sauge.
Assaisonnez.
Couvrez et laissez cuire à feu doux pendant 1 heure.
Retirez la branche de romarin et la sauge.
Mixez la soupe à l'aide d'un mixer blender ou d'un mixer plongeant.
Laissez refroidir et mettez la soupe au frais.

Finition

Au moment de servir, incorporez l'huile d'olive à la soupe. Rectifiez l'assaisonnement et répartissez la soupe dans des assiettes creuses ou dans des verres. Servez aussitôt.

« *Vous pouvez accompagner cette soupe d'un morceau de morue ou de cabillaud poêlé à l'huile d'olive.* » *Sophie*

Entrées

Fine crème d'asperges

pour **6** *personnes*

Pour la crème d'asperges

1,5 kg d'asperges vertes
(environ 3 bottes)
3 petits oignons blancs nouveaux
1 litre de bouillon de poule
50 g de beurre
10 cl de crème liquide
5 c. à s. d'huile d'olive
sel, poivre du moulin

Pour la garniture

200 g de chèvre frais,
de caillé de brebis ou de brousse
6 asperges vertes
2 c. à s. d'huile d'olive
5 brins de ciboulette
fleur de sel, poivre du moulin

Réalisation de la crème

Épluchez les queues des asperges à l'aide d'un couteau économe.
Coupez les asperges en morceaux.
Épluchez les petits oignons et coupez-les en lamelles.
Dans une cocotte, faites revenir les morceaux d'asperges et les oignons dans 2 cuillerées à soupe d'huile chaude, à feu moyen, pendant 3 minutes. Assaisonnez.
Ajoutez le bouillon de poule et portez le tout à ébullition.
Laissez mijoter à feu moyen pendant 20 minutes.
Mixez la crème à l'aide d'un mixer blender ou d'un mixer plongeant pendant 1 minute.
Ajoutez le beurre puis la crème liquide et mixez de nouveau 5 secondes.

Préparation de la garniture

Épluchez les 6 asperges avec le couteau économe.
Taillez-les finement en lamelles à l'aide du couteau économe. Réservez au frais.
Dans un bol, écrasez le fromage de chèvre à l'aide d'une fourchette avec la ciboulette ciselée. Assaisonnez.

Finition et dressage

Répartissez la crème d'asperges chaude dans des assiettes creuses.
Déposez sur la crème une quenelle de fromage réalisée à l'aide de 2 cuillères à café. Poivrez.
Assaisonnez les lamelles d'asperge d'huile d'olive et de fleur de sel et répartissez-les sur la crème.
Servez aussitôt.

« *Pour apporter plus d'onctuosité au fromage, vous pouvez y ajouter 1 cuillerée à soupe de crème liquide. Hors saison, vous pouvez réaliser cette crème avec des asperges vertes surgelées.* » *Sophie*

Entrées

Crème de brocoli en cappuccino

pour 6 personnes

Pour la crème de brocoli

600 g de brocoli frais ou surgelés
1 litre de fond de volaille
20 cl de crème liquide
sel

Pour les gnocchi

250 g de ricotta
15 g de farine
1 œuf entier
20 g de parmesan
sel, poivre du moulin

Préparation de la crème

Dans un faitout, mettez les bouquets de brocoli avec le fond de volaille et la crème. Salez.
Faites cuire le tout pendant 45 minutes à feu doux.
Mixez à l'aide d'un mixer blender ou d'un mixer plongeant pendant 1 minute.
Rectifiez l'assaisonnement et réservez.

Préparation des gnocchi

Dans un bol, battez la ricotta avec la farine et l'œuf. Assaisonnez.
Avec deux cuillères à café, réalisez des quenelles de pâte et plongez-les directement dans de l'eau salée frémissante pendant 3 minutes.
Égouttez les gnocchi et mettez-les ensuite dans un récipient d'eau glacée.
Égouttez-les délicatement et déposez-les dans un plat huilé.

Finition et dressage

Répartissez la crème de brocoli chaude dans des assiettes creuses.
Déposez 3 gnocchi au centre et parsemez de copeaux de parmesan.

« *Vous pouvez mixer de nouveau la crème de brocoli à la dernière minute afin d'obtenir l'effet d'un cappuccino.*
Vous pouvez également remplacer les gnocchi par 15 cl de crème liquide fouettée à peine salée. » *Sophie*

Entrées

Crème de moules de bouchot

pour **6** *personnes*

3 litres de moules de bouchot
1 litre de vin blanc sec
2 échalotes
1 oignon
1 c. à c. de concentré de tomates
80 cl de fumet de poisson
8 g de Maïzena
1 capsule de safran en poudre
25 cl de crème liquide
poivre du moulin

Bouquet garni
1 branche de thym
1 feuille de laurier
3 rubans de zeste d'orange

Préparation et cuisson des **moules**

Nettoyez les moules en les grattant et en les frottant les unes contre les autres.
Lavez-les.
Épluchez les échalotes et l'oignon. Émincez-les finement.
Dans un faitout, mettez les moules avec les échalotes, l'oignon, le vin blanc et le bouquet garni. Poivrez.
Couvrez et portez à ébullition sur feu vif.
Lorsque les moules sont juste ouvertes, égouttez-les bien en conservant le jus.
Décortiquez les moules.
Mettez 100 g de moules décortiquées de côté pour la liaison de la soupe.
Déposez les autres dans un plat et recouvrez-les d'un peu de jus de cuisson.

Réalisation de la **crème de moules**

Filtrez le jus des moules au chinois ou dans une passoire fine.
Dans le faitout des moules, versez le jus avec le fumet de poisson.
Faites réduire ce jus de moitié à feu vif.
Ajoutez au jus réduit le concentré de tomates et la Maïzena, tout en fouettant.
Laissez cuire à feu doux 5 minutes.
Ajoutez la crème liquide et le safran. Laissez cuire encore 5 minutes à feu doux.

Finition

Mixez la crème avec les moules mises de côté pour la liaison à l'aide d'un mixer blender ou d'un mixer plongeant pendant 1 minute.
Rectifiez l'assaisonnement et répartissez la crème dans des assiettes creuses.
Décorez de moules.
Servez aussitôt.

« *Vous pouvez remplacer le safran par 1 cuillerée à café de curcuma en poudre.* » *Sophie*

Entrées

Crème de potiron

pour 6 personnes

Ingrédients :

- 600 g de chair de potiron
- 200 g de ricotta
- 1 oignon
- 1 blanc de poireau
- 120 g de lardons fumés
- 1,5 litre de bouillon de volaille
- 15 cl de crème liquide
- 2 c. à s. d'huile d'olive
- sel, poivre du moulin

Préparation de la crème

Coupez l'oignon et le poireau en lamelles fines.

Dans un faitout, faites-les revenir dans l'huile chaude à feu moyen pendant 1 minute.

Ajoutez la chair de potiron coupée en morceaux.

Assaisonnez et mélangez.

Versez le bouillon de volaille.

Mélangez et laissez mijoter à feu doux pendant 45 minutes.

Ajoutez la ricotta.

Mixez la préparation à l'aide d'un mixer blender ou d'un mixer plongeant.

Rectifiez l'assaisonnement et réservez.

Finition et présentation

Dans une poêle, faites dorer les lardons à feu vif sans matière grasse.

Ajoutez 1 pincée de sel à la crème liquide et fouettez-la jusqu'à ce qu'elle soit épaisse er mousseuse.

Versez la crème de potiron dans des assiettes creuses.

Répartissez-y les lardons et ajoutez une quenelle de crème fouettée.

Servez aussitôt.

» *Vous pouvez ajouter à la préparation des girolles ou des trompettes-de-la-mort préalablement sautées à l'huile d'olive.*
Servez à part des petits croûtons de pain de mie.
Vous pouvez également ajouter à la crème fouettée une pointe de piment d'Espelette en poudre. » Sophie

Entrées

Velouté de cresson

pour 6 personnes

400 g d'épinards en branches frais ou surgelés
2 bottes de cresson
60 cl de bouillon de poule
20 cl de crème liquide
150 g de beurre
sel, poivre du moulin

Équeuttez les épinards et le cresson. Lavez-les. Épongez-les.
Dans un faitout, faites réduire en purée les épinards et le cresson dans le beurre fondu, à feu moyen. Assaisonnez.
Ajoutez le bouillon ainsi que la crème.
Laissez cuire pendant 15 minutes à feu doux.
Mixez le velouté à l'aide d'un mixer blender ou d'un mixer plongeant.
Rectifiez l'assaisonnement et servez aussitôt.

« *Vous pouvez accompagner ce velouté de lamelles de noix de Saint-Jacques préalablement roulées dans du j[us] de citron et de l'huile d'olive.* » Sophie

Entrées

8 têtes d'ail
60 g de lardons fumés
2 pommes de terre charlotte ou
belle de Fontenay
1 oignon
30 cl de bouillon de poule
30 cl de fond de volaille
6 jaunes d'œufs de poule ou de caille
2 c. à s. d'huile d'olive
fleur de sel
persil plat

Bouquet garni
1 branche de thym
1 feuille de laurier

Crème d'ail

*pour **6** personnes*

Préparation de la **soupe**

Épluchez les gousses d'ail. Coupez-les en deux et ôtez le germe. Pelez l'oignon et émincez-le.
Épluchez les pommes de terre. Coupez-les en morceaux.
Dans un faitout, faites revenir les lardons et l'oignon dans l'huile chaude, à feu doux, pendant 2 minutes.
Versez dessus le bouillon de poule et le fond de volaille. Portez à ébullition.
Ajoutez l'ail, les pommes de terre et le bouquet garni.
Couvrez et laissez cuire 40 minutes à feu doux.
Retirez le bouquet garni.
Mixez la soupe à l'aide d'un mixer blender ou d'un mixer plongeant et filtrez-la au chinois ou dans une passoire fine.

Finition

Répartissez le velouté d'ail dans des assiettes creuses.
Déposez 1 jaune d'œuf dans chaque assiette et décorez de persil.
Parsemez de fleur de sel.
Servez aussitôt.

« Achetez à l'occasion de l'ail rose, c'est encore meilleur.
Vous pouvez utiliser en guise d'ail frais 250 g d'ail surgelé.
Vous pouvez également tailler à l'aide d'une mandoline des gousses d'ail en fines tranches que vous ferez fr
à l'huile d'olive et que vous disposerez ainsi sur le dessus de la crème. » Sophie

Entrées

Champignons en omelette

pour 6 personnes

600 g de champignons de Paris,
cèpes, morilles...
60 g de beurre
10 cl de bouillon de pot-au-feu
2 échalotes hachées
2 gousses d'ail épluchées hachées
le jus d'un citron
sel, poivre du moulin

Pour la purée de champignons
les parures des champignons
1 échalote émincée
40 g de beurre
2 c. à s. de crème fraîche épaisse
5 cl de bouillon de pot-au-feu
sel, poivre du moulin

Pour l'omelette
12 œufs
50 g de beurre
1 c. à s. d'huile d'olive ou
d'huile de pépins de raisin
sel, poivre du moulin

Préparation et cuisson des champignons

Retirez si nécessaire le pied terreux des champignons.
Passez-les sous l'eau froide et essuyez-les.
Épluchez-les et conservez les parures.
Émincez les champignons et arrosez-les de jus de citron.
Dans une sauteuse, faites-les revenir dans le beurre, à feu vif, pendant 3 minutes.
Ajoutez les échalotes et l'ail. Assaisonnez et mélangez 1 minute.
Versez le bouillon, laissez mijoter à feu doux pendant 20 minutes. Réservez.

Réalisation de la purée

Dans une poêle, faites revenir les parures de champignons dans le beurre, à feu moyen, pendant 2 minutes.
Ajoutez l'échalote. Assaisonnez et mélangez.
Versez le bouillon dessus et laissez mijoter 5 minutes à feu doux.
Mixez le tout à l'aide d'un mixer blender.
Incorporez la crème. Rectifiez l'assaisonnement. Réservez.

Préparation de l'omelette

Cassez les œufs dans une jatte.
Assaisonnez-les et battez-les avec une fourchette.
Dans une poêle, faites fondre le beurre avec l'huile.
Versez les œufs et faites-les cuire en omelette (baveuse, moelleuse ou bien cuite) en remuant de temps en temps avec la fourchette.

Finition

Tartinez le dessus de l'omelette avec la purée de champignons.
Ajoutez la moitié des champignons.
Retournez-la en la moulant sur un plat et déposez dessus le reste des champignons.
Servez aussitôt.

« Lorsque vous réalisez des champignons sautés, faites-les toujours cuire à feu vif et sans les toucher la première minute.
Ainsi ils ne rendront pas leur eau.
À la saison des cèpes, taillez-les en copeaux et ajoutez-les sur le dessus de l'omelette. » Sophie

Entrées

12 œufs
2 grosses tomates
400 g de poivrons verts et rouges surgelés
2 oignons
150 g de jambon cru (Serrano ou Jabugo)
5 cl d'huile d'olive
2 gousses d'ail épluchées
1/2 bouquet de basilic
fleur de sel, poivre du moulin

Pour le bouquet garni
2 branches de basilic
1 brindille de thym

Œufs au plat à la basquaise
pour 6 personnes

Préparation de la garniture

Découpez le jambon en lanières.
Épluchez les oignons et émincez-les.
Gardez les petites feuilles de basilic et ciselez les grandes.
Mondez les tomates et épépinez-les. Coupez-les en morceaux.
Dans une sauteuse, faites revenir les oignons et les poivrons dans 3 cuillerées à soupe d'huile chaude, à feu doux, pendant 15 minutes.
Ajoutez les tomates, le bouquet garni et les gousses d'ail entières. Assaisonnez.
Faites mijoter à feu moyen jusqu'à ce que l'eau rendue par les légumes soit évaporée.
Enlevez le bouquet garni et les gousses d'ail.
Ajoutez le jambon et le basilic ciselé.
Rectifiez l'assaisonnement.
Laissez refroidir et réservez.

Préparation de l'omelette

Séparez le blanc des jaunes des œufs.
Réservez les jaunes en faisant attention à ne pas les crever.
Ajoutez les blancs à la garniture. Assaisonnez et mélangez.
Faites chauffer la poêle avec 2 cuillerées à soupe d'huile.
Versez y la préparation et faites-la cuire en remuant à l'aide d'une fourchette.
Laissez l'omelette colorer légèrement.
Faites-la glisser sur une planche à découper.

Finition et présentation

Découpez 6 ronds d'omelette à l'aide d'un emporte-pièce ou d'un bol et déposez-les sur les assiettes.
Disposez les 2 jaunes d'œufs crus sur chaque omelette.
Assaisonnez avec la fleur de sel et le poivre.
Décorez avec les petites feuilles de basilic.

« Si vous utilisez des poivrons frais, lavez-les, puis pelez-les après les avoir passés sous le gril du four ou les avoir plongés dans de l'huile à 180 °C durant 3 minutes. » Sophie

Entrées

Rissoles croustillantes de foie gras

*pour **6** personnes*

1 paquet de feuilles de pâte filo ou de feuilles de brick
ou 250 g de pâte au vin blanc
(voir p.233)
250 g de foie gras mi-cuit en terrine
huile d'olive
fleur de sel

Coupez les feuilles de filo afin d'obtenir 30 bandes de 8 cm de large.
À une extrémité, déposez un morceau d'environ 8 g de foie gras.
Parsemez de fleur de sel puis repliez la bande sur elle-même en triangles successifs.
Badigeonnez d'huile d'olive au pinceau.
Préchauffez le four sur chaleur tournante à 180 °C.
Mettez les rissoles dans le four et laissez cuire environ 3 minutes jusqu'à ce qu'elles soient dorées.
Servez les rissoles aussitôt, accompagnées d'une salade verte.

« *Vous pouvez ajouter au foie gras des lamelles de pomme, de poire ou des morceaux de figue.* » *Sophie*

Entrées

6 cercles à tarte de 10 cm de diamètre
et 2 cm de haut
1 plaque en silicone ou du papier
sulfurisé

2 pâtes à pizza prêtes à dérouler ou
250 g de pâte à l'huile (voir p.233)

Pour la garniture
350 g de pommes de terre
belle de Fontenay ou charlotte
2 blancs de poireaux frais ou surgelés
120 g d'allumettes de lardons nature
45 cl de lait
70 cl de crème liquide
2 brins de thym
3 gousses d'ail non épluchées,
écrasées
6 c. à s. d'huile d'olive
sel, poivre du moulin

Pour la décoration
6 œufs de caille
6 tranches de poitrine de porc fumée
persil plat

Pour la sauce
20 cl de jus de poulet rôti ou du fond
de volaille

Petite tourte de pommes de terre

*pour **6** personnes*

Préparation de la **garniture**

Dans une poêle, faites dorer à feu vif les lardons dans 1 cuillerée à soupe d'huile
d'olive. Égouttez et réservez.
Épluchez les pommes de terre et coupez-les en rondelles.
Mettez-les dans une casserole avec les gousses d'ail, le thym, le lait et la crème.
Assaisonnez et laissez cuire à feu doux pendant 20 minutes en veillant à ce que les
pommes de terre n'accrochent pas au fond.
Lavez les poireaux et émincez-les.
Dans une poêle, faites-les cuire à couvert avec 3 cuillerées à soupe d'huile, sur feu
doux, jusqu'à l'obtention d'une fondue. Assaisonnez et réservez.
Versez les pommes de terre et leur liquide de cuisson dans un saladier.
Enlevez le thym.
À l'aide d'un fouet, mélangez pour obtenir une purée.
Incorporez à la purée les lardons, les poireaux et 1 cuillerée à soupe d'huile d'olive.

Montage et cuisson des **tourtes**

Préchauffez le four à chaleur tournante à 200 °C.
Déroulez les pâtes à pizza. Découpez 6 disques de pâte de 12 cm de diamètre et
6 disques de 8 cm, à l'aide d'emporte-pièce.
Posez les cercles à tarte sur la plaque du four froide couverte d'une plaque en silicone.
Chemisez chaque cercle d'un disque de pâte de 12 cm. Garnissez avec la préparation
aux pommes de terre et recouvrez avec les disques de 8 cm. Soudez les bords.
Faites cuire au four en les pinçant pendant 10 minutes. Laissez reposer au chaud
pendant 5 minutes.

Finition

Dans une casserole, faites réduire le jus de poulet de moitié à feu vif.
Faites griller sans matière grasse les tranches de poitrine dans une poêle.
Dans une autre poêle, faites cuire les œufs de caille au plat avec 1 cuillerée à soupe
d'huile d'olive.
Posez les tourtes dans les assiettes avec un œuf de caille par-dessus et une tranche
de poitrine grillée.
Décorez de persil, entourez de jus de volaille réduit et servez aussitôt.

« *Vous pouvez préparer cette tourte avec la purée de légumes de votre choix.*
Accompagnez d'une belle salade de saison. **»** *Sophie*

Entrées

Barbajuans d'hiver

*pour **6** personnes*

250 g de pâte à barbajuans (voir p. 234)
50 g de riz rond, cuit
500 g de chair de potimarron
1 blanc de poireau
1 œuf
1 c. à s. de parmesan râpé
7 c. à s. d'huile d'olive
3 gousses d'ail épluchées
sel, poivre du moulin
huile d'olive pour la friture

Coupez la chair de potimarron en petits morceaux.
Dans une cocotte, mettez la chair de potimarron, 3 cuillerées à soupe d'huile et les gousses d'ail entières. Assaisonnez.
Laissez compoter à feu doux ou au four à 160 °C, en remuant de temps en temps, pendant environ 1 heure afin d'assécher complètement le potimarron.
Laissez refroidir.
Pendant la cuisson du potimarron, lavez le blanc de poireau et émincez-le finement.
Dans une sauteuse, faites-le cuire à couvert sur feu doux avec 2 cuillerées à soupe d'huile d'olive, en remuant de temps en temps, jusqu'à l'obtention d'une fondue.
Assaisonnez et réservez.
Dans un saladier, mélangez la pulpe de potimarron avec le riz, le parmesan, l'œuf entier et 2 cuillerées à soupe d'huile.
Rectifiez l'assaisonnement.

Finition

Étalez finement la pâte à barbajuans.
Coupez 30 ronds de 6 cm de diamètre à l'aide d'un emporte-pièce.
Déposez sur 15 d'entre eux un petit tas de farce.
Mouillez légèrement d'eau à l'aide d'un pinceau le tour de la farce et recouvrez avec les autres ronds.
Soudez les bords en les pinçant.
Faites chauffer l'huile d'olive pour la friture à 160 °C. Faites-y frire les barbajuans par petites quantités.
Égouttez-les sur du papier absorbant.
Salez, poivrez et servez aussitôt.

« Si vous n'avez pas le temps de réaliser la pâte à barbajuans, utilisez une pâte à pizza. » Sophie

Entrées

Méli-mélo de tomates

pour 6 personnes

6 cercles à entremets de 8 cm
de diamètre sur 4,5 cm de haut

Assiette chaude
Les tomates marinées

8 tomates en grappes
2 gousses d'ail épluchées et
émincées
3 branches de basilic
1 c. à c. de sucre glace
4 c. à s. d'huile d'olive
fleur de sel

Les tomates gratinées

24 tomates confites
1/2 boîte de pulpe de tomate
4 c. à s. de crème épaisse
20 g de parmesan
4 c. à s. d'huile d'olive
sel, poivre du moulin

Assiette froide
Le tartare de tomates

8 tomates en grappes
1 échalote émincée
2 c. à s. de vinaigre balsamique
5 feuilles de basilic ciselé
fleur de sel, poivre du moulin

Les tomates aux amandes

6 tomates en grappes
100 g d'amandes entières hachées
18 feuilles de basilic ciselées
2 c. à s. de vinaigre balsamique
3 c. à s. d'huile d'olive
fleur de sel, poivre du moulin

Pour la sauce
10 cl de jus de veau ou de rôti

Préparation des **tomates marinées**

Mondez les tomates. Coupez-les en quatre et épépinez-les.
Préchauffez le four à 120 °C.
Dans un plat à gratin, déposez les quartiers de tomate avec les feuilles de basilic et
l'ail. Arrosez-les avec l'huile. Parsemez de sel et de sucre glace.
Couvrez de papier aluminium et laissez 1 h 30 au four. Réservez.

Préparation des **tomates gratinées**

Dans une poêle, faites cuire en purée, à feu vif, la pulpe de tomates jusqu'à évapora-
tion totale du jus. Assaisonnez.
Dans le plat à gratin des tomates marinées, étalez dessus la purée de tomates.
Répartissez par-dessus les tomates confites puis la crème. Parsemez de copeaux de
parmesan.
Assaisonnez et réservez.

Préparation du **tartare de tomates**

Mondez et épépinez les tomates.
Coupez-les en dés et mettez-les dans une passoire fine en les salant légèrement pour
qu'elles dégorgent.
Dans un bol, mélangez-les avec l'échalote, le basilic et le vinaigre.
Assaisonnez et réservez au frais.

Préparation des **tomates aux amandes**

Mondez les tomates.
Coupez la base de chaque tomate afin d'obtenir un chapeau.
Enlevez l'intérieur des tomates à l'aide d'une cuillère à café.
Salez-les légèrement et faites-les dégorger pendant 15 minutes en les retournant sur
une grille.
Dans un bol, mélangez les amandes avec le basilic, l'huile et le vinaigre.
Garnissez les tomates de la préparation d'amandes. Réservez au frais.

Finition

Dans une casserole, faites réduire le jus de veau de moitié à feu vif.
Glissez les tomates gratinées sous le gril du four pendant 3 minutes.
Déposez les tomates gratinées dans les cercles à entremets posés sur les assiettes.
Posez à côté le tartare de tomates dans un petit verre et les tomates farcies aux
amandes.
Versez un peu de jus de veau réduit autour, décorez de basilic, retirez les cercles et
servez aussitôt.

« *Organisez-vous en préparant toutes vos tomates la veille, sans les assaisonner.* **»** *Sophie*

Entrées

pour 6 personnes

18 filets de rougets-barbets désarêtés
3 kg de tomates (ou 2 boîtes 4/4 de tomates pelées)
20 cl de fumet de poisson
18 petites olives noires
1/2 botte de basilic
2 pincées d'origan
7 c. à s. d'huile d'olive
1 c. à s. de sucre semoule
fleur de sel, poivre du moulin

Préparation de la **fondue de tomates**

Mondez les tomates. Coupez-les en quatre. Épépinez-les.
Dans une sauteuse, mettez les tomates et le sucre avec l'huile.
Faites-les réduire en purée à feu moyen jusqu'à évaporation totale du jus.
Ajoutez le fumet de poisson et poursuivez la cuisson jusqu'à ce que la purée de tomates soit complètement sèche.
Assaisonnez et laissez refroidir.
Ajoutez-y les feuilles de basilic ciselées (gardez-en pour la décoration) et l'origan.
Rectifiez l'assaisonnement et mélangez.

Cuisson des **rougets**

Dans une poêle, faites chauffer à feu vif 2 cuillerées à soupe d'huile d'olive.
Déposez-y les filets de rouget côté peau et faites-les cuire 2 minutes.
Retournez-les sur une plaque. Réservez.

Finition

Répartissez la fondue de tomates sur les assiettes.
Déposez sur chaque assiette 3 filets de rouget.
Arrosez d'un filet d'huile d'olive, parsemez de fleur de sel et décorez avec les olives noires et quelques feuilles de basilic.
Cette entrée se déguste froide ou chaude.

« *Vous pouvez remplacer les filets de rouget par des tranches de thon ou de saumon.* » Sophie

Entrées

Sardines en escabèche

pour **6** *personnes*

18 sardines fraîches
(écaillées, étêtées, vidées
par votre poissonnier)
ou 36 filets de sardine surgelés
1 gousse d'ail épluchée
10 feuilles de basilic
7 c. à s. d'huile d'olive
fleur de sel

Pour la nage

4 carottes fanes
6 petits oignons blancs nouveaux
2 gousses d'ail épluchées
2 citrons
50 cl de vin blanc sec
25 cl de vinaigre blanc d'alcool
1 c. à c. de graines de coriandre
sel, poivre du moulin

Le bouquet garni

1 brin de thym
1 feuille de laurier
1 petite branche de romarin

Préparation des **sardines**

Frottez un plat à gratin avec la gousse d'ail coupée en deux.
Dans une poêle, faites chauffer 3 cuillerées à soupe d'huile d'olive.
Saisissez-y rapidement les sardines. Égouttez les.
Salez-les légèrement et mettez-les dans le plat aillé.
Versez 4 cuillerées à soupe d'huile d'olive et répartissez dessus les feuilles de basilic.

Préparation de la **nage**

Épluchez les oignons et coupez-les en rondelles.
Pelez l'ail et émincez-le.
Épluchez les carottes et coupez-les en rondelles.
Pelez les citrons à vif et coupez-les en rondelles.
Dans une casserole, portez le vinaigre et le vin blanc à ébullition.
Ajoutez les carottes, les oignons, l'ail émincé, le bouquet garni et la coriandre.
Assaisonnez et laissez frémir pendant environ 10 minutes.
Ajoutez les rondelles de citron.
Portez à ébullition et retirez du feu.

Finition

Versez la nage bouillante sur les sardines. Laissez refroidir.
Couvrez de film alimentaire et laissez 24 heures au frais.
Servez les sardines en escabèche avec des croûtons de baguette aillés.

« *Vous pouvez remplacer les sardines par des filets de maquereau.*
Une petite salade d'herbes (persil plat, ciboulette, cerfeuil, coriandre, origan) pourra parfaitement accompagner cette entrée. **»** *Sophie*

Entrées

Terrine de foies de volaille

pour 8 à 10 personnes

Mélange d'alcools
2 cl de porto rouge
4 cl de cognac
2 cl de xérès

Pour les foies de volaille
200 g de foies de volaille
2 cl du mélange d'alcool
1 gousse d'ail épluchée hachée
1 c. à c. rase de sel fin
10 tours de moulin à poivre
2 brins de thym
1 c. à s. de persil plat haché
1/2 c. à c. de quatre-épices.

Pour les bardes de lard
250 g de bardes de lard
4 cl du mélange d'alcools
1/2 c. à c. de quatre-épices
2 brins de thym

Pour la farce
300 g de gorge de porc
200 g de foies de volaille
1 c. à c. rase de sel fin
10 tours de moulin à poivre
1/2 c. à c. de quatre-épices
2 cl du mélange d'alcools
2 brins de thym

Préparation de la terrine

Dans un saladier, faites mariner pendant 2 heures les foies de volaille avec tous les ingrédients.
Dans un deuxième saladier, faites également mariner pendant 2 heures les bardes avec tous les ingrédients.
Pendant ce temps, préparez la farce : hachez la gorge de porc.
Coupez les foies de volaille en morceaux. Mettez ces éléments dans un troisième saladier.
Assaisonnez avec le mélange d'alcools, le quatre-épices, le thym effeuillé, le sel et le poivre. Mélangez.

Montage et cuisson de la terrine

Préchauffez le four à chaleur tournante à 140 °C.
Tapissez une terrine ou un moule à cake avec une partie de la barde en la laissant déborder de chaque côté.
Découpez le reste de barde en lanières.
Déposez au fond de la terrine une couche de farce, une couche de foies de volaille et quelques lanières de barde.
Renouvelez l'opération jusqu'à remplissage total.
Recouvrez la terrine de barde et mettez au four dans un bain-marie.
Laissez cuire pendant 1 h 30.
Laissez refroidir, puis entreposez la terrine au réfrigérateur pendant 48 heures.

« *N'hésitez pas à vous servir d'un couteau électrique pour couper vos terrines.
Vous pouvez accompagner cette terrine d'une compotée d'oignons.
Lors du montage de la terrine, tapez celle-ci sur un torchon afin de faire sortir l'air,
pressez-la bien afin d'éviter les trous d'air qui favorisent l'oxydation* » Sophie

Entrées

Terrine de foie gras

pour 6 personnes

2 foies gras de canard cru de 500 g chacun
5 cl d'armagnac
5 cl de porto blanc
2 c. à c. rases de sel fin
10 tours de moulin à poivre

Préparation du foie gras

15 minutes à l'avance, sortez les foies gras du réfrigérateur.
Séparez les foies en 2 lobes.
Incisez-les légèrement dans le sens de la longueur et retirez le nerf central.
Dans un saladier, assaisonnez les lobes avec le sel, le poivre et les alcools.
Superposez-les dans une terrine ou dans un moule à cake en les tassant légèrement pour que l'ensemble de la préparation puisse rentrer dedans.
Couvrez de film alimentaire et laissez au réfrigérateur jusqu'au lendemain.

Cuisson de la terrine de foie gras

Préchauffez le four sur chaleur tournante à 100 °C.
Retirez le film de la terrine et mettez celle-ci au four au bain-marie et laissez cuire pendant 40 minutes.
Égouttez délicatement le foie gras en recueillant la graisse.
Laissez refroidir à température ambiante.
Couvrez de film, posez dessus une planchette de la taille de la terrine et surmontez d'un poids d'environ 2 kg (par exemple des briques de lait).
Mettez au réfrigérateur.

« *Pour protéger le foie de toute oxydation, faites fondre la graisse recueillie et versez-la sur le dessus du foie gras.*
Attendez 4 jours avant de servir la terrine, elle n'en sera que meilleure.
Au moment de servir, donnez un bon tour de moulin à poivre et un peu de fleur de sel sur les tranches. » Sophie

Entrées

18 noix de Saint-Jacques
le jus d'un citron

Garniture
6 pommes de terre charlotte
36 tomates confites
150 g de pousses d'épinards
1 échalote hachée
1 branche de thym
1 c. à s. de vinaigre de xérès
9 c. à s. d'huile d'olive
50 g de parmesan non râpé
fleur de sel, poivre du moulin

Noix de Saint-Jacques en salade
pour 6 personnes

Préparation de la garniture

Dans une casserole, faites cuire les pommes de terre en démarrant la cuisson à l'eau froide, pendant 20 minutes.
Egouttez-les et épluchez-les encore chaudes. Coupez-les en rondelles.
Dans un plat, mettez les rondelles de pommes de terre avec les tomates confites, l'échalote et le thym effeuillé.
Versez dessus 6 cuillerées à soupe d'huile.
Assaisonnez et mélangez délicatement.
Laissez mariner pendant au moins 1 heure (jusqu'à 3 heures).
Lavez les pousses d'épinards et essorez-les délicatement.
Préparez une vinaigrette en mélangeant le vinaigre et 3 cuillerées à soupe d'huile d'olive. Assaisonnez.

Préparation des noix de Saint-Jacques

Lavez sous l'eau froide les noix de Saint-Jacques. Essuyez-les et coupez-les en fines lamelles.
Faites-les mariner 15 minutes dans le jus de citron.

Finition

Déposez les pousses d'épinards en rosace dans les assiettes.
Disposez dessus les pommes de terre et les tomates confites ainsi que les lamelles de Saint-Jacques.
Parsemez de fleur de sel et de parmesan coupé en copeaux à l'aide d'un couteau économe.
Versez dessus un filet de vinaigrette. Servez aussitôt.

« *Vous pouvez ajouter sur les noix de Saint-Jacques quelques lamelles fines de truffe blanche ou noire. Si vous utilisez des noix de Saint-Jacques surgelées, faites-les préalablement décongeler dans moitié eau moitié lait.* » Sophie

Entrées

Hamburger
de tomate mozzarella

*pour **6** personnes*

Pour 2 hamburgers de tomate par assiette

12 tomates en grappes
3 boules de mozzarella
(de bufflonne de préférence)
8 petits oignons blancs
1/2 botte de basilic
3 c. à s. d'huile d'olive
1 c. à s. de vinaigre balsamique
fleur de sel

Pour la garniture

150 g de mesclun
2 c. à s. d'huile d'olive
1 c. à s. de vinaigre de vin vieux
sel, poivre du moulin

Préparation du hamburger

Mondez les tomates.
Coupez chaque tomate en 3 rondelles et épépinez-les.
Coupez 24 rondelles de mozzarella.
Effeuillez le basilic.
Épluchez les petits oignons et émincez-les finement.
Dans un bol, mélangez l'huile d'olive avec le vinaigre balsamique.
Réservez le tout au frais.

Préparation de la garniture

Au moment de servir, assaisonnez le mesclun avec le vinaigre de vin vieux et l'huile d'olive.
Salez et poivrez.

Montage du hamburger

Sur une assiette, disposez une rondelle de tomate, quelques petits oignons, une rondelle de mozzarella, quelques feuilles de basilic et de la fleur de sel, puis renouvelez l'opération à l'identique en terminant par une rondelle de tomate.
Arrosez d'un filet de vinaigrette.
Répartissez le mesclun autour et servez aussitôt.

« Afin de réaliser un hamburger bien régulier, découpez les rondelles de tomates et de mozzarella à l'aide du même emporte-pièce.
Vous pourrez agrémenter votre vinaigrette de 2 cuillerées à café de pulpe de tomate séchée, également de chapons (ronds de croûte de pain) frottés à l'ail. » Sophie

Entrées

Sucrines à la caesar

pour **6** *personnes*

Pour la sauce

2 jaunes d'œufs
I c. à s. de moutarde à l'estragon
10 cl d'huile d'olive
50 g de parmesan frais râpé
le jus d'un demi-citron
I/2 gousse d'ail épluchée hachée
I filet d'anchois à l'huile
I branche d'estragon
poivre du moulin

Pour la garniture

I/2 baguette
6 salades sucrines ou petites laitues
I gousse d'ail épluchée entière
6 tranches de poitrine fumée
I citron
50 g de parmesan non rapé

Préparation de la **sauce**

Mettez la gousse d'ail hachée dans un bol.
Ajoutez les jaunes d'œufs, la moutarde et le citron. Poivrez.
Fouettez le tout.
Ajoutez l'huile en filet tout en fouettant comme une mayonnaise.
Incorporez 50 g de parmesan, l'anchois haché et les feuilles d'estragon ciselées.
Rectifiez l'assaisonnement.

Préparation de la **garniture**

Coupez grossièrement les sucrines en lanières.
Coupez la baguette en deux et frottez-la avec l'ail.
Coupez-la en cubes et passez ceux-ci sous le gril du four pour les toaster.
Dans une poêle, faites griller les tranches de poitrine, sans matière grasse.
Pelez le citron à vif et détachez les quartiers. Coupez-les en petits dés.

Finition

Dans un saladier, mélangez la garniture avec la sauce.
Rectifiez l'assaisonnement et parsemez de copeaux de parmesan.
Servez aussitôt.

« Cette salade accompagne très bien les crustacés : homard, langoustines, crevettes... » Sophie

Entrées

Salade niçoise à la monégasque

pour 6 personnes

200 g de mesclun
1 céleri-branche
1 boîte de poivrons à l'huile
200 g de févettes
6 petits oignons blancs nouveaux
5 fonds d'artichauts
(en conserve ou surgelés, cuits)
6 tomates en grappes
6 radis
1 concombre
24 petites olives noires
200 g de filets de thon à l'huile
3 c. à s. d'huile d'olive
1/2 bouquet de basilic
fleur de sel

Pour la vinaigrette
le jus d'un citron
6 c. à s. d'huile d'olive
sel, poivre du moulin

Pour la garniture
150 g de tapenade
8 croûtons de baguette
1 gousse d'ail épluchée, coupée
en deux
3 c. à s. d'huile d'olive

Préparation des légumes

Effeuillez et lavez les branches de céleri.
Coupez-les en tronçons d'environ 6 cm.
Épluchez les petits oignons. Émincez-les dans le sens de la longueur.
Écossez les févettes et mettez-les à mariner dans l'huile d'olive.
Épluchez le concombre et coupez-le en dés.
Coupez les radis en rondelles.
Coupez les fonds d'artichauts en lamelles.
Mondez les tomates, coupez-les en quatre et épépinez-les.
Effeuillez le basilic.
Réservez le tout au frais.

Préparation de la vinaigrette

Dans un bol, mélangez le jus de citron avec l'huile d'olive. Assaisonnez.

Préparation de la garniture

Frottez la gousse d'ail sur les croûtons de baguette.
Tartinez-les avec la moitié de la tapenade.
Dans un bol, mélangez le reste de la tapenade avec l'huile d'olive.

Finition

Répartissez tous les légumes ainsi que les olives et le thon égoutté sur les assiettes de façon harmonieuse.
Versez la vinaigrette dessus.
Parsemez de fleur de sel et décorez de feuilles de basilic.
Servez accompagné des croûtons et de la tapenade.

Entrées

Ravioli de lapin
pour 6 personnes

250 g de pâte à ravioli chinoise

Pour la farce de lapin

3 épaules de lapin
3 râbles de lapin
10 petits oignons blancs
125 g de foie gras de canard cru
dénervé ou mi-cuit
1 gousse d'ail épluchée et hachée
6 c. à s. d'huile d'olive
1 c. à c. de vinaigre balsamique
25 cl de fond de volaille
40 g de beurre
sel, poivre du moulin

Pour la farce d'herbes

300 g de mesclun
100 g de roquette
1 botte de cerfeuil
1 botte de ciboulette
3 pincées d'origan ou de marjolaine
1 c. à s. d'huile d'olive

Préparation de la **farce d'herbes**

Dans une casserole, faites chauffer 1 cuillerée à soupe d'huile d'olive à feu moyen.
Ajoutez le mesclun et la roquette lavés et égouttés.
Faites-les fondre pendant 2 minutes. Laissez-les refroidir et hachez-les.
Ajoutez le cerfeuil et la ciboulette ciselés ainsi que l'origan. Mélangez.

Préparation de la **farce de lapin**

Dans une cocotte, faites revenir à feu doux les morceaux de lapin dans 4 cuillerées à soupe d'huile chaude avec les oignons blancs émincés et l'ail pendant 5 minutes. Assaisonnez.
Ajoutez le fond de volaille, mélangez et laissez mijoter le lapin à feu doux pendant 30 minutes.
Retirez le lapin de la cocotte. Laissez-le tiédir, désossez-le et émiettez-le.
Dans une petite casserole, passez le jus au chinois ou dans une passoire fine.
Récupérez les oignons et l'ail.
Ajoutez-les au lapin ainsi que le foie gras de canard cru en petits dés. Mélangez.
Incorporez la farce d'herbes.
Assaisonnez avec du sel, du poivre, le vinaigre balsamique et de 2 cuillerées à soupe d'huile d'olive.

Préparation des **ravioli**

Sur la pâte à ravioli (carrés de 9 cm de côté), posez un peu de farce.
Fermez le ravioli sur lui-même pour obtenir un triangle en collant les bords avec un peu d'eau.
Réservez au frais.

Finition et présentation

Faites réduire de moitié le jus de cuisson du lapin à feu vif.
Ajoutez le beurre petit à petit tout en fouettant. Réservez au chaud.
Faites cuire les ravioli dans de l'eau bouillante salée ou dans un bouillon de poule pendant 1 minute. Égouttez-les.
Déposez les ravioli dans des assiettes creuses et versez un peu de jus de lapin dessus.

» *Vous pouvez remplacer le lapin par du canard.*
Vous pouvez décorer ces ravioli d'herbes fraîches ou de fines tranches de navets fanes crus coupés à l'aide d'une mandoline.
Assaisonnez le tout de vinaigre de Barolo. » *Sophie*

Poissons

Noix de Saint-Jacques en daube
Homard breton Newburg
Sole de petit bateau façon Riche
Pavé de saumon aux morilles
Pavé de saumon aux tomates confites
Filet de sole tartiné de crevettes
Solette dite « langue d'avocat »
Saint-pierre à la purée de courgettes
Filet de thon biscayenne
Sardines farcies « Riviera »
Langoustines rôties et tartelette aux légumes
Carpaccio de langoustines
Huîtres panées
Turbot aux morilles
Cabillaud demi-sel meunière
Blanc de bar et son beurre d'herbes
Colin à la palermitaine
Colin au chutney de pignon
Crevettes grises sautées au beurre demi-sel
Darioles de crevettes
Ecrevisses aux asperges
Tarte fine aux anchois

Poissons

Noix de Saint-Jacques en daube

pour 6 personnes

18 grosses noix de Saint-Jacques
1 c. à s. d'huile d'olive

Pour le suc de daube
1 kg de sauté de bœuf en morceaux
(paleron, gîte à la noix,
côtes découvertes)
2 carottes
2 oignons
2 oranges
1/2 boîte de tomates concassées
8 gousses d'ail en chemise
75 cl de vin rouge
75 cl de fond de veau
10 grains de poivre
2 c. à s. de basilic ciselé
1 brin de thym
1/2 feuille de laurier
4 c. à s. d'huile de tournesol ou
de pépins de raisin

Pour le beurre d'agrumes
25 g de beurre mou
1 orange
poivre du moulin

« *Ces Saint-Jacques
se servent accompagnées
d'endives braisées.
Utilisez la viande cuite
pour réaliser un hachis
Parmentier le lendemain.
Le suc de daube est idéal avec
des poissons comme
le dos de cabillaud...
Préparez-en à l'avance
et n'hésitez pas
à le congeler.* » *Sophie*

Réalisation du beurre d'agrumes

Rapez finement le zeste de l'orange. Incorporez-le au beurre avec du poivre. Réservez au frais.

Réalisation du suc de daube

Épluchez et taillez en gros dés les carottes et les oignons.
Pelez les oranges à vif et détachez les quartiers.
Mettez le vin rouge dans une casserole, portez-le à ébullition et flambez-le avec une allumette.
Préchauffez le four à 120 °C.
Dans une cocotte en fonte, faites dorer les morceaux de viande à feu vif dans 4 cuillerées à soupe d'huile chaude.
Ajoutez les carottes et les oignons ainsi que les quartiers d'orange.
Mélangez et laissez revenir à feu moyen pendant 2 minutes.
Enlevez le gras de la cocotte et versez-y le vin rouge. Laissez réduire 5 minutes à feu vif.
Ajoutez le fond de veau, les gousses d'ail, le thym, le laurier et les grains de poivre.
Couvrez, mettez au four et laissez pendant 3 heures (surveillez de temps en temps la réduction de la sauce).
Retirez les morceaux de viande.
Filtrez la sauce au chinois ou dans une passoire fine dans une casserole.
Ajoutez les tomates concassées et laissez réduire à feu vif jusqu'à ce que la sauce épaississe.
Ajoutez le basilic.
Laissez infuser quelques minutes et filtrez de nouveau la sauce.

Finition et dressage

Préchauffez le four sur chaleur tournante à 240 °C.
Dans une poêle, faites dorer 1 minute de chaque côté les noix de Saint-Jacques avec 1 cuillerée à soupe d'huile.
Posez les noix de Saint-Jacques dans un plat allant au four.
Ajoutez sur chaque coquille une noix de beurre d'agrumes et passez-les au four pendant 2 minutes.
Versez le beurre de cuisson des Saint-Jacques dans la sauce. Fouettez.
Servez aussitôt.

Poissons

Homard breton Newburg

pour **6** *personnes*

6 homards femelles de 500 g pièce
2 litres de court-bouillon

Pour la sauce Newburg
6 têtes des homards
1 bulbe de fenouil
2 gousses d'ail
2 échalotes
6 tomates
2 c. à s. de concentré de tomates
20 cl de vin de xérès
50 cl de fumet de poisson
1 c. à s. de crème épaisse
5 c. à s. d'huile d'olive
50 g de beurre
1 branche de basilic
sel, poivre du moulin

Pour le beurre de corail
100 g de beurre mou
le corail et les parties crémeuses
des homards
10 feuilles de basilic

Préparation et cuisson des homards

Portez le court-bouillon à ébullition dans un faitout.
Plongez-y les homards et faites-les cuire 5 minutes.
Sortez-les à l'aide d'une écumoire. Laissez tiédir.
Séparez les têtes des queues.
Coupez les têtes en deux et retirez la poche à graviers. Recoupez les têtes en morceaux.
Retirez la chair des pinces et des coudes puis décortiquez les queues.
Récupérez le corail et les parties crémeuses.

Préparation du beurre de corail

Dans un bol, malaxez le beurre avec les feuilles de basilic ciselées, le corail et les parties crémeuses des homards. Réservez au frais.

Réalisation de la sauce

Pelez les gousses d'ail et les échalotes. Émincez-les grossièrement.
Lavez les tomates et le fenouil. Coupez-les en morceaux.
Dans une cocotte, faites chauffer l'huile et le beurre. Ajoutez les têtes des homards.
Faites revenir à feu moyen pendant 3 minutes.
Ajoutez l'ail, les échalotes, les tomates et le fenouil. Mélangez. Faites revenir encore 3 minutes.
Ajoutez le concentré de tomates. Mélangez et laissez mijoter 3 minutes.
Arrosez avec le xérès et laissez réduire à feu vif jusqu'à consistance épaisse.
Versez le fumet de poisson et ajoutez la branche de basilic.
Laissez mijoter à feu doux pendant 40 minutes.
À l'aide d'un mixer plongeant, mixez la sauce quelques secondes directement dans la cocotte puis filtrez-la au chinois ou dans une passoire fine.
À feu vif, dans une casserole, faites-la réduire de moitié.
Ajoutez le beurre de corail puis la crème, tout en fouettant. Rectifiez l'assaisonnement.

Finition

Dans une sauteuse, mettez les queues de homard avec la sauce.
Terminez leur cuisson à feu doux pendant 5 minutes.
Ajoutez les pinces et la chair restante.
Déposez les homards dans les assiettes avec la sauce autour.
Accompagnez ce plat de riz basmati.

Poissons

Sole de petit bateau façon Riche

pour 6 personnes

Pour les soles

6 soles de 300 g pièce levées en filets
par le poissonnier
20 g de beurre
sel, poivre du moulin

Pour la crème de champignons

500 g de champignons de Paris
4 échalotes
2 rondelles de citron
60 g de beurre
20 cl de crème liquide
sel, poivre du moulin

Pour les langoustines

24 queues de langoustines
décortiquées
2 c. à s. d'huile d'olive
2 c. à s. de persil haché
1 gousse d'ail épluchée et écrasée
sel

Pour la viennoise aux herbes

80 g de chapelure
85 g de beurre
3 c. à s. d'herbes hachées mélangées
(cerfeuil, persil, coriandre, etc.)
poivre

Préparation des soles

Assaisonnez les filets de sole et déposez-les, sans les superposer, dans un plat allant au four.

Réalisation de la crème de champignons

Coupez le bout terreux des champignons.
Passez-les sous l'eau froide et essuyez-les. Gardez-en 6 pour la décoration.
Faites-les revenir 5 minutes, à feu moyen, dans une sauteuse et à couvert avec les échalotes émincées et le citron. Assaisonnez.
Lorsque les champignons ont rejeté leur eau, ajoutez la crème liquide et laissez réduire 5 minutes sans le couvercle.
Vérifiez l'assaisonnement.
Passez le tout dans une passoire ou un chinois au-dessus d'une casserole en pressant sur les champignons pour en extraire tout le jus.
Remettez la crème à feu doux et incorporez le beurre par petits morceaux, tout en fouettant. Réservez au bain-marie.

Préparation de la viennoise

Dans une sauteuse, faites fondre le beurre à feu moyen, ajoutez la chapelure et mélangez pendant 1 minute.
Retirez du feu et ajoutez les herbes.
Poivrez et réservez.

Cuisson des langoustines

À feu vif, faites revenir les queues de langoustines dans une poêle pendant 1 minute avec l'huile d'olive et la gousse d'ail.
Hors du feu, ajoutez le persil. Salez.
Mélangez et réservez au chaud.

Finition et Présentation

Préchauffez le four sur chaleur tournante à 240 °C.
Coupez les 6 champignons réservés en bâtonnets.
Répartissez la viennoise aux herbes sur les filets de sole puis le beurre en morceaux.
Faites cuire au four pendant 6 minutes.
Nappez les assiettes de crème de champignons, répartissez les filets de sole sur les assiettes et disposez les langoustines autour.
Décorez de bâtonnets de champignons crus.

Poissons

Pavé de saumon aux morilles

*pour **6** personnes*

Pour la cuisson du saumon

6 pavés de saumon de 180 g pièce,
sans la peau
30 g de beurre
1 c. à s. d'huile d'olive
fleur de sel

Pour la garniture

800 g de morilles fraîches ou
surgelées
50 g de beurre
15 cl de bouillon de pot-au-feu
2 échalotes
1 gousse d'ail épluchée et écrasée
le jus de 1/2 citron
sel, poivre du moulin

Pour les pommes de terre

24 pommes de terres ratte ou
grenaille
500 g de beurre clarifié (voir p. 236)
1 brin de thym
2 pincées de fleur de sel

Préparation de la garniture

Coupez la queue des morilles puis passez-les plusieurs fois dans un bain d'eau tiède.
Égouttez-les et essuyez-les entre 2 torchons.
Dans une sauteuse, faites fondre le beurre.
Ajoutez les morilles et l'ail. Salez.
Mélangez à feu doux pendant 1 minute.
Faites rendre le jus des morilles à couvert durant 10 minutes.
Versez le bouillon et laissez mijoter à feu doux pendant 15 minutes.
Retirez les morilles à l'aide d'une écumoire en conservant leur jus.

Préparation des pommes de terre

Pelez les pommes de terre et laissez-les entières.
Dans une sauteuse, mettez les pommes de terre dans le beurre clarifié avec le thym
et la fleur de sel.
Laissez-les confire à feu doux, jusqu'à ce qu'elles soient fondantes.

Cuisson du saumon

Dans une poêle, faites fondre le beurre avec l'huile à feu moyen.
Ajoutez les pavés de saumon et faites-les cuire 3 minutes de chaque côté.
Parsemez de fleur de sel.

Finition et dressage

Dans une sauteuse, faites revenir les morilles avec les échalotes émincées et une
noisette de beurre pendant 1 minute.
Ajoutez-y le jus des morilles et le jus de citron. Rectifiez l'assaisonnement.
Laissez mijoter à feu doux 2 minutes.
Égouttez les pommes de terre.
Répartissez les morilles et leur jus au centre des assiettes.
Ajoutez les pommes de terre autour et posez le saumon par-dessus.
Parsemez de fleur de sel et d'un peu de poivre. Servez aussitôt.

« *Vous pouvez utiliser également pour cette recette 400 g de morilles séchées.
N'oubliez pas de les réhydrater dans de l'eau tiède avant leur préparation.* » *Sophie*

Poissons

Pavé de saumon
aux tomates confites

*pour **6** personnes*

6 pavés de saumon de 180 g pièce,
sans la peau
30 tomates confites ou séchées
30 g de beurre
1 c. à s. d'huile d'olive
fleur de sel

Pour la sauce

30 cl de bouillon de poule
3 c. à s. de vinaigre balsamique
60 g de beurre
1/2 boîte de pulpe de tomates
concassées
2 branches de basilic
sel, poivre du moulin

Préparation de la **sauce**

Dans une sauteuse, versez le contenu de la boîte de tomates et faites réduire en purée à feu vif, jusqu'à évaporation totale de l'eau. Assaisonnez.
Versez le bouillon de poule.
Mélangez et faites réduire jusqu'à ce que la sauce épaississe.
Ajoutez le vinaigre balsamique. Mélangez.

Finition et dressage

Dans une poêle, faites fondre le beurre avec l'huile.
Ajoutez les pavés de saumon et faites-les cuire 3 minutes de chaque côté.
Parsemez de fleur de sel.
Incorporez le beurre à la sauce, petit à petit, tout en fouettant.
Ajoutez 12 feuilles de basilic ciselées et rectifiez l'assaisonnement.
Égouttez les tomates confites et faites-les chauffer légèrement.
Répartissez les tomates en rond sur de grandes assiettes.
Posez les pavés de saumon au milieu.
Versez la sauce autour et décorez de feuilles de basilic.
Servez aussitôt.

« *Vous pouvez remplacer le saumon par des filets de rouget ou du dos de cabillaud.*
Vous pouvez ajouter à la sauce 20 g de truffe noire hachée. » *Sophie*

Poissons

Filet de sole tartiné de crevettes

pour 6 personnes

6 soles de 300 g pièce levées en filets
par le poissonnier
(conservez les parures et les arêtes)
30 petites crevettes roses
20 g de beurre
sel, poivre du moulin

Pour la farce

80 g de cerneaux de noix concassés
2 échalotes
100 g de champignons de Paris ou
de girolles
100 g de crevettes roses cuites
10 brins de ciboulette
2 c. à s. d'huile d'olive
sel, poivre du moulin

Pour la sauce

les arêtes et les parures des soles
1 oignon émincé
1 carotte en rondelles
200 g de champignons de Paris
en lamelles
50 cl de bouillon de poule
10 cl de vin jaune du jura ou de vin
blanc sec
2 c. à s. d'huile d'olive
30 g de beurre
sel, poivre du moulin

Préparation des soles

Assaisonnez les filets de sole et déposez-les dans un plat allant au four. Réservez au frais.
Décortiquez les petites crevettes.

Préparation de la farce

Retirez le pied terreux des champignons.
Passez-les sous l'eau froide et essuyez-les.
Décortiquez les crevettes.
Pelez les échalotes et émincez-les.
Coupez la ciboulette avec des ciseaux.
Dans un robot-coupe, hachez les crevettes avec les échalotes, les champignons, les cerneaux de noix, la ciboulette et l'huile d'olive. Assaisonnez et réservez.

Réalisation de la sauce

Dans une cocotte en fonte, faites chauffer l'huile.
Mettez les parures et les arêtes des soles avec l'oignon, la carotte et les champignons. Assaisonnez.
Faites revenir le tout à feu vif pendant 3 minutes.
Ajoutez le vin. Mélangez.
Laissez-le réduire pendant 2 minutes puis versez le bouillon de poule.
Laissez mijoter le tout à feu doux pendant 30 minutes.
Filtrez la sauce au chinois ou dans une passoire fine au-dessus d'une casserole.
Faites-la réduire à feu vif jusqu'à ce qu'elle épaississe.
Baissez le feu et ajoutez le beurre petit à petit, tout en fouettant.
Rectifiez l'assaisonnement.

Finition et dressage

Préchauffez le four sur chaleur tournante à 240 °C.
Répartissez la farce aux crevettes sur les filets de sole et faites cuire au four pendant 6 minutes.
Faites sauter les crevettes décortiquées dans une poêle avec le beurre à feu vif pendant 1 minute. Assaisonnez.
Déposez les filets de sole sur les assiettes et les crevettes sautées autour.
Nappez de sauce et décorez de ciboulette.

Poissons

Solette dite « langue d'avocat »

pour 6 personnes

6 soles d'environ 300 g pièce levées en filets par le poissonnier
80 g de beurre
3 citrons

Pour la panure
6 jaunes d'œufs
200 g de poudre d'amandes
sel, poivre du moulin

Coupez les filets de sole en deux ou trois suivant leur grandeur.
Dans une assiette creuse, battez les jaunes d'œufs.
Assaisonnez-les bien.
Dans une autre assiette, mettez la poudre d'amandes.
Passez un par un les morceaux de sole dans les jaunes puis dans la poudre d'amandes.

Finition

Dans une poêle, faites fondre 50 g de beurre.
Faites dorer les morceaux de sole de chaque côté à feu moyen.
Faites fondre dans la poêle le reste du beurre.
Disposez les soles panées sur les assiettes et versez le beurre fondu dessus.
Accompagnez d'un demi-citron et de pommes de terre à la vapeur.

« *Vous pouvez aussi bien préparer cette recette avec des solettes de 80 g. Dans ce cas, ne les levez pas en filets. Enlevez juste la peau grise et sectionnez la tête.* » *Sophie*

Poissons

Saint-pierre
à la purée de courgettes

*pour **6** personnes*

2 saint-pierre d'un kilo pièce
(écaillés, ébarbés, étêtés et vidés
par le poissonnier)
80 cl de bouillon de poule
2 citrons
3 tomates en grappes
1 c. à s. de graines de fenouil
18 olives noires dénoyautées
1 bulbe de fenouil
1 branche de basilic
10 cl d'huile d'olive
fleur de sel, poivre du moulin.

Pour la purée de courgettes

6 petites courgettes dites « beurre ou
violon »
2 gousses d'ail en chemise écrasées
1 brin de thym
2 feuilles de basilic ciselées
4 c. à s. d'huile d'olive
fleur de sel, poivre du moulin

« *Vous pouvez également
accompagner ce plat d'une salade
de mesclun et de croûtons
de baguette aillés.* » *Sophie*

Réalisation de la **purée de courgettes**

Lavez les courgettes et coupez-les en gros dés.

Dans une sauteuse, faites chauffer 2 cuillerées à soupe d'huile d'olive.

Ajoutez les dés de courgettes, le thym et les gousses d'ail. Assaisonnez et mélangez.

Couvrez et laissez cuire à feu doux jusqu'à ce que les courgettes soient fondantes.

Enlevez le thym et la peau des gousses d'ail.

Dans un saladier, réduisez les courgettes en purée en les écrasant à l'aide d'une fourchette.

Incorporez le reste de l'huile d'olive et le basilic.

Rectifiez l'assaisonnement.

Cuisson des **saint-pierre**

Lavez les saint-pierre sous l'eau froide et essuyez-les.

Dans une casserole à feu vif, faites réduire de moitié le bouillon de poule.

Préchauffez le four à 220 °C.

Déposez les saint-pierre dans un grand plat allant au four. Assaisonnez-les.

Lavez les citrons et les tomates. Coupez-les en rondelles.

Épluchez et émincez le fenouil.

Répartissez l'ensemble autour des poissons avec l'huile d'olive, le bouillon réduit, les graines de fenouil et le basilic.

Faites cuire au four pendant 20 minutes en arrosant souvent les poissons avec leur jus.

Finition et dressage

Levez les filets des poissons. Réservez au chaud.

Retirez les légumes et filtrez la sauce à l'aide d'un chinois ou d'une passoire fine, au-dessus d'une casserole. Laissez-la épaissir à feu vif.

Réchauffez la purée de courgettes 1 minute au micro-ondes.

Dressez la purée au centre des assiettes, déposez les filets de saint-pierre dessus et nappez de sauce.

Décorez de tranches de citron, d'olives noires, de tomates et de fenouil.

Parsemez de fleur de sel et d'un peu de poivre. Servez aussitôt.

Poissons

Filet de thon biscayenne

pour 6 personnes

6 tranches de thon
d'environ 180 g dans le filet
1 branche de romarin
1 branche de thym
1 feuille de laurier
3 gousses d'ail épluchées et hachées
10 cl d'huile d'olive
fleur de sel, poivre du moulin
2 pincées de piment d'Espelette en
poudre

Pour la biscayenne

1 boîte de pimientos del Piquillo
1 oignon émincé
5 gousses d'ail entières écrasées
6 tranches fines de jambon cru
(Serrano ou Jabugo)
5 branches de basilic
1/2 boîte de pulpe de tomate
concassée
1 branche de thym
1 feuille de laurier
1 capsule de safran
3 c. à s. d'huile d'olive
sel, poivre du moulin

Pour la garniture

3 tranches fines de jambon cru
(Serrano ou Jabugo)
6 feuilles de basilic ciselées
18 tomates confites
3 c. à s. d'huile d'olive
fleur de sel

Préparation de la biscayenne

Égouttez les pimientos et coupez-les en lanières.
Effeuillez le basilic et ciselez-le. Gardez les tiges.
Enlevez le gras du jambon et coupez le jambon en lanières.
Préchauffez le four à 140 °C.
Dans une cocotte en fonte, faites chauffer l'huile d'olive.
Ajoutez l'oignon.
Couvrez et laissez compoter à feu doux jusqu'à ce qu'il soit fondant.
Ajoutez les pimientos, le gras du jambon, les gousses d'ail, le thym, le laurier et les tiges de basilic. Mélangez pendant 2 minutes.
Ajoutez la pulpe de tomate. Assaisonnez et faites cuire au four pendant 1 h 30.
À la fin de la cuisson, retirez le gras du jambon, les tiges de basilic, le thym et le laurier.
Ajoutez alors les lanières de jambon, le basilic ciselé et le safran. Rectifiez l'assaisonnement.
Couvrez et laissez encore compoter à feu doux 10 minutes.
Déposez la biscayenne dans un plat creux.

Préparation et cuisson du thon

Enduisez les tranches de thon d'huile d'olive et déposez-les dans un plat.
Ajoutez les gousses d'ail, le romarin, le thym et le laurier.
Ajoutez le piment d'Espelette en poudre. Assaisonnez.
Couvrez le plat de film alimentaire et laissez si possible 1 heure au frais.
Retirez les herbes et essuyez le thon pour enlever l'excédent d'huile.
Dans une poêle à feu vif, faites cuire les tranches de thon pendant 2 minutes de chaque côté.
Posez-les sur la biscayenne et laissez refroidir.

Préparation de la garniture

Coupez les tranches de jambon en lanières.
Mélangez-les avec le basilic, les tomates confites et l'huile. Assaisonnez.

Finition et présentation

Déposez le thon sur les assiettes avec la biscayenne.
Eparpillez dessus le mélange de jambon et de tomates par-dessus.
Parsemez de fleur de sel et de poivre. Servez aussitôt.

Poissons

Sardines farcies « Riviera »

pour 6 personnes

18 sardines fraîches de 50 g pièce
18 tomates confites
18 petites olives noires
6 c. à s. d'huile d'olive
sel, poivre du moulin

Pour la farce

200 g de pain de mie sans croûte
200 g de feuilles d'épinardS
30 cl de crème liquide
2 œufs
80 g de parmesan frais râpé
6 tomates confites
1 gousse d'ail épluchée et hachée
1/2 botte de cerfeuil
3 branches de persil plat
3 branches de basilic dont 18 feuilles
pour la décoration
3 c. à s. d'huile d'olive
sel, poivre du moulin

Faites écailler, ébarber et vider les sardines par le poissonnier.
Demandez-lui également de retirer l'arête centrale.
Lavez les sardines sous l'eau froide et essuyez-les délicatement.
Assaisonnez-les.

Préparation de la farce

Coupez les tranches de pain de mie en cubes de 1 cm de côté.
Dans un saladier, faites-les tremper dans la crème pendant 20 minutes.
Égouttez-les et écrasez-les à la fourchette.
Dans une casserole, portez à ébullition environ 3 cm d'eau salée.
Mettez-y les feuilles d'épinards et faites-les cuire 2 minutes.
Égouttez-les et laissez-les refroidir.
Pressez les épinards au maximum pour extraire l'eau et hachez-les au couteau.
Effeuillez toutes les herbes et hachez-les grossièrement au couteau.
Coupez les tomates confites en petits morceaux.
Dans un saladier, mélangez le pain de mie avec les épinards, l'ail, les herbes, les tomates, les œufs, le parmesan et l'huile d'olive.
Assaisonnez.

Finition

Préchauffez le four à chaleur tournante à 220 °C.
Remplissez l'intérieur des sardines avec la farce.
Déposez-les dans un plat huilé allant au four et arrosez-les d'huile d'olive.
Faites cuire au four pendant 15 minutes.
Sur les assiettes, répartissez les sardines, les olives noires et les tomates confites entourées d'une feuille de basilic.

« Vous pouvez accompagner les sardines d'une salade verte aux herbes ou d'une salade de tomates. Vous pouvez utiliser cette farce pour farcir le poisson que vous désirez. » Sophie

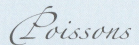
Poissons

Langoustines rôties et tartelette aux légumes

*pour **6** personnes*

6 moules à tartelettes d'environ 8 cm

18 grosses langoustines
10 g de beurre
2 c. à s. d'huile d'olive
fleur de sel, poivre du moulin

Pour les tartelettes
1 pâte brisée ou feuilletée prête à dérouler ou une pâte à foncer (voir p. 233)
6 asperges vertes fraîches ou surgelées
6 carottes fanes
6 navets fanes
6 fonds d'artichauts en conserve ou surgelés
12 petits oignons nouveaux
12 tomates confites
12 radis
3 c. à s. d'huile d'olive
4 c. à s. de bouillon de volaille
sel, poivre du moulin

Pour le jus de langoustine
les têtes des langoustines
2 tomates
1 échalote émincée
2 c. à s. de vin blanc
50 cl de fumet de poisson
1 botte de basilic
4 c. à s. d'huile d'olive
sel, poivre du moulin

Réalisation des tartelettes

Préchauffez le tour à chaleur tournante à 180 °C.
À l'aide d'un bol ou d'un emporte-pièce, découpez 6 cercles de 12 cm de diamètre dans la pâte. Garnissez-en les moules.
Piquez la pâte à la fourchette et faites cuire au four pendant 15 minutes.
Démoulez et réservez ces fonds de tartelettes sur une grille.

Préparation des légumes

Épluchez les carottes, les navets, les radis et les oignons. Coupez-les en rondelles.
Coupez les artichauts et les tomates en lamelles.
Épluchez les asperges à l'aide d'un couteau économe.
Sectionnez les queues à 10 cm des pointes. Coupez-les en rondelles.
Dans une sauteuse, faites chauffer l'huile d'olive.
Ajoutez tous les légumes.
Assaisonnez-les et faites-les sauter à feu moyen pendant 10 minutes.
Ajoutez le bouillon de volaille et laissez mijoter encore 5 minutes.

Préparation des langoustines

Décortiquez les langoustines et retirez le boyau noir. Assaisonnez et réservez au frais.

Réalisation du jus de langoustine

Coupez les tomates en morceaux.
Dans une cocotte, faites chauffer l'huile d'olive. Ajoutez les têtes des langoustines, l'échalote et les tomates. Assaisonnez et faites revenir le tout 3 minutes à feu vif.
Ajoutez le vin blanc, puis le fumet de poisson. Laissez mijoter à feu moyen pendant 45 minutes.
Mixez l'ensemble quelques secondes, directement dans la cocotte, à l'aide d'un mixer plongeant. Ajoutez la botte de basilic et laissez infuser 10 minutes.
Filtrez le jus au chinois ou dans une passoire fine en écrasant bien les têtes de langoustines. Faites réduire le jus de moitié à feu vif. Rectifiez l'assaisonnement.

Finition et présentation

Réchauffez les légumes et le jus.
Dans une poêle, faites rôtir les langoustines dans l'huile et le beurre chauds pendant 2 minutes, à feu vif.
Disposez les légumes dans les tartelettes. Posez les langoustines à cheval et versez du jus autour. Parsemez de fleur de sel. Poivrez. Décorez de basilic.

Carpaccio de langoustines

pour 6 personnes

6 cercles à tarte de 10 cm
de diamètre et de 2 cm de hauteur

24 grosses queues de langoustines
crues, fraîches ou surgelées
3 pimientos del Piquillo ou petits
poivrons grillés
12 brins de ciboulette
24 petites feuilles de basilic
6 pincées de fleur de sel
6 tours de moulin à poivre

Pour la marinade au citron
2 petits citrons à peau fine
10 c. à s. d'huile d'olive fruitée
2 pincées de fleur de sel

Réalisation de la marinade au citron

Préchauffez le four à 120 °C.
Lavez les citrons et enduisez-les d'huile d'olive avec vos mains.
Enfermez-les dans du papier aluminium et mettez-les au four pendant 50 minutes.
Coupez les citrons en deux et retirez la pulpe dans un bol.
Ôtez les pépins.
Mélangez la pulpe de citron avec l'huile d'olive et la fleur de sel.
Réservez à température ambiante.

Préparation des langoustines

Décortiquez les queues de langoustines.
Coupez-les en deux et retirez le boyau noir.
Coupez les queues en lamelles dans la longueur.
Réservez au réfrigérateur.
Cinq minutes avant de servir, mettez-les dans un plat avec la marinade de citron.

Finition et présentation

Égouttez les pimientos et coupez-les en petits dés.
Posez les cercles sur les assiettes.
Répartissez-y les lamelles de langoustines.
Parsemez de dés de pimientos, de fleur de sel et de poivre.
Décorez de brins de ciboulette et de feuilles de basilic.
Servez aussitôt.

« *Achetez des citrons en filet. Ils sont plus petits que les fruits vendus à la pièce.
Cinq minutes de marinade suffisent car les langoustines doivent rester crues.
Vous pouvez également servir ce plat avec une salade d'herbes.* » *Sophie*

Poissons

pour 6 personnes

30 huîtres spéciales n° 2
huile de pépins de raisin
pour la friture
piment de Cayenne
pour la décoration

Pour la panure
2 œufs entiers
100 g de farine
250 g de chapelure
1 c. à c. d'huile d'olive
1 c. à c. de sauce soja
fleur de sel, poivre du moulin

Pour la sauce Villeroi
20 g de beurre
20 g de farine
5 cl de crème liquide
10 cl d'eau des huîtres
5 cl de jus de truffe (facultatif)

Pour la sauce tartare
6 c. à s. de mayonnaise toute prête
ou maison
2 c. à s. d'herbes hachées (persil,
cerfeuil, ciboulette, estragon...)
2 cornichons en rondelles
1 c. à c. de câpres
1 petit oignon blanc nouveau émincé

Préparation des huîtres
Ouvrez les huîtres en récupérant leur eau.
Retirez-les de leur coquille et égouttez-les sur du papier absorbant.

Préparation de la sauce Villeroi
Dans une casserole, faites fondre le beurre à feu moyen sans lui laisser prendre de couleur.
Ajoutez petit à petit la farine, sans cesser de remuer.
Ajoutez la crème, le jus de truffe et l'eau des huîtres.
Faites cuire à feu vif en remuant à l'aide d'une spatule, jusqu'à ce que la sauce soit épaisse.

Réalisation des huîtres panées
Coupez un carré de film alimentaire pour chaque huître.
Tartinez chaque carré de film avec la sauce Villeroi.
Posez 1 huître dessus et moulez-la en boudin.
Rangez les huîtres sur un plat au fur et à mesure qu'elles sont roulées et laissez-les au congélateur pendant 30 minutes.
Dans un saladier, cassez les œufs et mélangez-les avec l'huile d'olive et la sauce soja. Assaisonnez.
Mettez la farine et la chapelure sur des assiettes séparées.
Sortez les huîtres du congélateur. Retirez le film.
Roulez les huîtres une à une dans la farine puis dans les œufs et enfin dans la chapelure.
Plongez-les une seconde fois dans les œufs puis roulez-les encore dans la chapelure afin d'obtenir une double épaisseur.
Posez-les sur une feuille de papier sulfurisé et réservez.

Préparation de la sauce tartare
Mélangez à la mayonnaise tous les ingrédients.
Rectifiez l'assaisonnement.

Finition et présentation
Faites chauffer l'huile pour la friture à 180 °C.
Faites frire les huîtres dans l'huile chaude.
Sortez-les à l'aide d'une écumoire lorsqu'elles sont dorées et posez-les sur du papier absorbant.
Disposez 5 huîtres panées sur chaque assiette avec une quenelle de sauce tartare moulée à la cuillère.
Parsemez d'un peu de poivre et de piment de Cayenne.
Décorez de persil.

Poissons

Turbot aux morilles

*pour **6** personnes*

2 turbots de 2 kg pièce
500 g de morilles fraîches ou surgelées
2 échalotes
4 gousses d'ail en chemise
10 cl de bouillon de pot-au-feu
4 cl de fond de veau
1 c. à s. de crème épaisse
8 c. à s. d'huile d'olive
100 g de beurre doux
50 g de beurre demi-sel
1 paquet de gnocchi de pomme de terre
fleur de sel, poivre du moulin

Demandez au poissonnier de couper 6 tronçons égaux et bien réguliers dans les turbots.
Laissez la peau blanche mais retirez la peau noire.
Retirez le pied terreux des morilles.
Lavez-les dans plusieurs bains d'eau tiède.
Égouttez-les et essuyez-les.
Pelez les échalotes et émincez-les.
Dans une casserole, faites fondre 50 g de beurre doux.
Mettez les échalotes émincées et faites-les confire à feu doux.
Dans une grande cocotte en fonte, faites chauffer l'huile d'olive à feu vif.
Mettez les tronçons de turbot.
Ajoutez le beurre demi-sel en morceaux et faites dorer le poisson à feu moyen sur toutes ses faces.
Ajoutez les morilles et les gousses d'ail. Assaisonnez.
Laissez cuire à feu doux pendant 20 minutes.
Ajoutez les échalotes puis le bouillon.

Finition et présentation

Retirez les tronçons de turbot et les morilles. Réservez-les au chaud.
Ajoutez le fond de veau à la sauce.
Laissez réduire de moitié à feu vif.
Ajoutez le reste du beurre doux petit à petit, en fouettant.
Rectifiez l'assaisonnement.
Dans une casserole d'eau bouillante salée, faites cuire les gnocchi. Égouttez-les.
Remettez le turbot et les morilles dans la cocotte.
Ajoutez les gnocchi et la crème.
Mélangez et servez directement dans la cocotte.

« Vous pouvez utiliser également pour cette recette 250 g de morilles séchées. N'oubliez pas de les réhydrater dans de l'eau tiède avant leur préparation. » Sophie

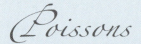
Poissons

6 cercles à tarte de 10 cm de diamètre

6 dos de cabillaud de 180 g pièce
2 c. à s. d'huile d'olive
poivre du moulin
1 kg de gros sel
100 g de sucre

Pour la garniture

500 g de haricots cocos frais écossés
ou surgelés
24 tomates confites
50 g de beurre
1 c. à s. d'huile d'olive
1/2 branche de romarin
1 feuille de sauge
sel

Pour le jus de persil

2 bottes de persil plat
10 cl de fond de volaille
quelques gouttes de jus de citron
1 c. à s. d'huile d'olive

« *Vous pouvez remplacer le cabillaud par de la lotte ou de la dorade et les haricots cocos par des fèves. Vous pouvez conserver les cocos entiers et non en purée.* » Sophie

Cabillaud demi-sel meunière

pour 6 personnes

Préparation du cabillaud

Mélangez le gros sel avec le sucre. Dans un plat, étalez une couche de sel.
Déposez les dos de cabillaud dessus puis recouvrez-les avec le reste du sel.
Laissez-les au frais pendant 1 h 30.
Rincez bien les dos de cabillaud sous l'eau froide afin de retirer tout le sel et essuyez-les.
Poivrez le dessus de chaque dos de cabillaud de 10 tours de moulin à poivre.

Préparation de la garniture

Mettez les cocos dans une casserole et recouvrez-les largement d'eau froide.
Portez à ébullition et ajoutez le romarin et la sauge.
Laissez cuire pendant environ 25 minutes à feu doux.
Salez aux trois quarts de la cuisson.
Laissez refroidir les haricots dans leur eau de cuisson.

Préparation du jus de persil

Éffeuillez le persil. Plongez les feuilles 5 secondes dans de l'eau bouillante.
Égouttez-les et essorez-les.
Faites bouillir le fond de volaille et mettez-le avec le persil dans un mixer blender.
Mixez 10 secondes.
Filtrez le jus au chinois ou dans une passoire fine. Réservez.

Finition et présentation

Mettez les cocos avec un peu de leur eau de cuisson dans une sauteuse.
Écrasez-les avec une fourchette puis ajoutez le beurre, l'huile d'olive et les tomates confites coupées en morceaux.
Faites chauffer à feu doux.
Dans une poêle, faites chauffer l'huile.
Faites-y dorer les dos de cabillaud à feu moyen, pendant 4 minutes de chaque côté.
Mettez la purée dans les cercles au centre des assiettes.
Retirez les cercles.
Posez le cabillaud dessus, côté poivre dessus.
Finissez le jus de persil en y ajoutant l'huile d'olive et le jus de citron.
Nappez-en les assiettes.
Décorez de persil et servez aussitôt.

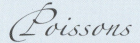

pour 6 personnes

6 filets ou pavés de bar de 180 g pièce
sel, poivre du moulin

Pour la garniture

8 tomates en grappes
300 g de girolles ou de champignons de Paris
1 bouquet de basilic dont 12 feuilles pour la décoration
3 c. à s. d'huile d'olive
6 gousses d'ail confites (voir p. 233)
sel, poivre du moulin

Pour le beurre d'herbes

150 g de beurre demi-sel mou
30 g d'amandes hachées
30 g de cerneaux de noix concassés
1 gousse d'ail hachée
1 c. à c. de moutarde à l'ancienne
1 tranche fine de jambon cru coupée en morceaux (Serrano ou Jabugo)
1/2 citron
2 c. à s. d'herbes hachées (cerfeuil, ciboulette, persil)
poivre du moulin

Préparation du beurre d'herbes

Rapez finement le zeste de citron.
Dans un bol, mélangez le beurre avec tous ses ingrédients.

Préparation de la garniture

Retirez le bout terreux des champignons.
Lavez-les sous l'eau froide et essuyez-les.
Mondez les tomates.
Coupez-les en quatre et épépinez-les.
Dans une sauteuse, faites chauffer 2 cuillerées à soupe d'huile d'olive.
Ajoutez les tomates et faites-les revenir à feu moyen jusqu'à évaporation totale de leur eau. Assaisonnez.
Dans une poêle à feu vif, faites sauter les champignons avec 1 cuillerée à soupe d'huile d'olive pendant 2 minutes.
Ajoutez 15 feuilles de basilic ciselées, assaisonnez et mélangez.
Mélangez ensemble les champignons, les tomates et les gousses d'ail confites.
Rectifiez l'assaisonnement et réservez au chaud.

Finition et présentation

Préchauffez le four sur chaleur tournante à 240 °C.
Assaisonnez les filets de bar.
Déposez-les côte à côte dans un plat à gratin.
Tartinez-les de beurre d'herbes.
Faites cuire au four pendant 8 minutes pour les filets et 10 minutes pour les pavés.
Déposez la garniture au centre des assiettes et posez le bar dessus.
Parsemez de fleur de sel.
Décorez de basilic et servez aussitôt.

« *Vous pouvez remplacer le bar par du lieu jaune.*
Il est important que le four soit préchauffé afin de mieux saisir le poisson. » Sophie

Poissons

6 darnes de colin de 180 g pièce
8 filets d'anchois frais, marinés
à l'huile
1 branche de romarin
le jus de1/2 citron
2 gousses d'ail en chemise écrasées
100 g de chapelure
50 g d'olives noires dénoyautées
2 c. à s. d'huile d'olive
100 g de farine
sel, poivre du moulin

Pour le caviar d'aubergines

4 aubergines
3 gousses d'ail
4 c. à s. d'huile d'olive
2 pincées de curry
le jus de1/2 citron
30 g d'olives noires dénoyautées
sel, poivre du moulin

Colin
à la palermitaine
pour 6 personnes

Réalisation du caviar d'aubergines

Préchauffez le four à 140 °C.
Lavez les aubergines. Coupez les extrémités.
Épluchez les gousses d'ail. Coupez-les en deux et enlevez le germe.
Enfoncez-les dans la chair des aubergines.
Enveloppez-les de papier aluminium et faites-les cuire au four pendant 50 minutes.
Coupez-les en deux et retirez la chair à l'aide d'une cuillère.
Dans une casserole, faites chauffer l'huile à feu moyen.
Ajoutez la pulpe d'aubergine et asséchez-la.
Ajoutez le curry, le jus de citron et les olives. Assaisonnez. Mélangez.

Préparation du poisson

Assaisonnez les tranches de colin et passez-les dans la farine.
Dans une cocotte en fonte, faites chauffer l'huile d'olive.
Ajoutez le colin, les gousses d'ail et la moitié du romarin.
Faites cuire le poisson à feu moyen pendant 4 minutes de chaque côté.
À mi-cuisson, ajoutez les filets d'anchois.
À la fin de la cuisson, disposez les darnes de colin sur une plaque en silicone ou du papier sulfurisé, sur la grille du four.
Recouvrez-les de chapelure et faites-les gratiner sous le gril du four pendant environ 2 minutes.
Pendant ce temps, ajoutez dans la cocotte de cuisson les olives, le reste du romarin et le jus de citron.
Faites revenir le tout à feu doux pendant 2 minutes.
Retirez le romarin.

Finition et présentation

Disposez les tranches de colin au centre des assiettes. Nappez de sauce.
Servez aussitôt, accompagné du caviar d'aubergines.

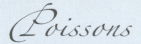

Colin au chutney de pignon

pour 6 personnes

6 darnes de colin de 180 g pièce
farine
30 pommes de terre grenaille
30 pointes d'asperges
18 petits oignons blancs nouveaux
6 gousses d'ail confites (voir p. 233)
20 g de câpres
2 c. à s. de vinaigre balsamique
3 c. à s. d'huile d'olive
fleur de sel, poivre du moulin

Pour le chutney

40 g de raisins de Corinthe
40 g de pignons
25 g de câpres
200 g d'olives noires dénoyautées
1 botte de cresson
1 laitue
100 g d'épinards
2 c. à s. d'huile d'olive
fleur de sel, poivre du moulin

Préparation du chutney

Recouvrez les raisins d'eau tiède.
Équeutez les feuilles des épinards et du cresson.
Détachez les feuilles de laitue.
Lavez toutes les feuilles à grande eau et essorez-les.
Dans une sauteuse, faites chauffer l'huile d'olive.
Mettez-y toutes les feuilles et faites-les fondre à feu moyen pendant 2 minutes. Égouttez-les.
Une fois qu'elles sont froides, essorez-les bien en les pressant dans vos mains et hachez-les au couteau.
Dans une poêle, faites dorer les pignons de pin sans matière grasse, à feu vif, en les remuant souvent.
Dans un bol, mélangez les feuilles vertes, les olives, les raisins égouttés, les câpres et les pignons. Assaisonnez.

Préparation des légumes

Lavez les pommes de terre et grattez-les.
Épluchez les petits oignons.
Plongez les pointes d'asperges, les pommes de terre et les oignons dans une casserole d'eau bouillante salée pendant 5 minutes. Égouttez-les.

Finition et présentation

Assaisonnez les darnes de colin et passez-les dans la farine.
Dans une cocotte en fonte, faites chauffer l'huile d'olive.
Ajoutez le colin puis les légumes. Assaisonnez.
Faites cuire l'ensemble à feu moyen pendant 10 minutes.
À la fin de la cuisson, retirez le colin.
Ajoutez les gousses d'ail confites, les câpres et le vinaigre dans la cocotte, puis le beurre petit à petit. Rectifiez l'assaisonnement.
Déposez le colin au centre des assiettes, entourez de chutney et de légumes.
Nappez de sauce et servez aussitôt.

« Si vous avez trop de chutney, conservez-le, couvert d'huile d'olive dans un bocal hermétique. » **Sophie**

Poissons

600 g de crevettes grises vivantes
80 g de beurre demi-sel
1 gousse d'ail hachée
fleur de sel, poivre du moulin

Crevettes grises sautées au beurre demi-sel

pour 6 personnes

Dans une grande poêle, faites fondre le beurre à feu vif.
Lorsqu'il est bien chaud, jetez-y les crevettes.
Laissez cuire 3 minutes à feu vif en remuant souvent.
Ajoutez l'ail, assaisonnez et servez aussitôt.
Les crevettes se mangent entières, non décortiquées, accompagnées de pain et de beurre.

« *Si vous n'avez pas de poêle assez grande, il est préférable d'en utiliser deux afin que les crevettes soient étalées sur une seule couche.*
Vous pouvez ajouter aux crevettes 1 cuillerée à soupe de persil haché. » Sophie

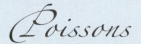

Darioles de crevettes

pour 6 personnes

6 moules à muffin en silicone

Pour les darioles
250 g de crevettes roses fraîches ou surgelées
3 jaunes d'œufs
1 œuf entier
15 cl de lait entier ou demi-écrémé
25 cl de crème liquide
2 pincées de noix de muscade
sel, poivre du moulin

Pour la sauce
les têtes des crevettes
30 g de beurre
2 gousses d'ail épluchées écrasées
2 c. à s. de cognac
50 cl de fumet de poisson
50 g de beurre
1/2 bouquet de basilic
sel, poivre du moulin

Préparation des darioles

Préchauffez le four à 160 °C.
Décortiquez les crevettes en conservant les têtes pour la sauce.
Mixez les crevettes à l'aide d'un robot-coupe.
Dans un saladier, mélangez les œufs avec la crème, le lait et la noix de muscade.
Assaisonnez bien.
Incorporez les crevettes mixées.
Versez le tout dans les moules.
Mettez au four dans un bain-marie froid et laissez cuire pendant 35 minutes.
Démoulez les darioles lorsqu'elles sont froides.

Préparation de la sauce

Dans une cocotte, faites fondre le beurre.
Ajoutez les têtes des crevettes avec les gousses d'ail.
Faites-les revenir à feu vif pendant 2 minutes.
Ajoutez le cognac. Mélangez.
Versez le fumet puis ajoutez le basilic.
Laissez mijoter à feu doux pendant 20 minutes.
Filtrez la sauce, au-dessus d'une casserole, au chinois ou dans une passoire fine.
Faites-la réduire à feu vif de moitié jusqu'à épaississement.
Ajoutez le beurre petit à petit en fouettant.
Rectifiez l'assaisonnement.

Finition et présentation

Faites réchauffer les darioles de crevettes 1 minute au four à micro-ondes.
Déposez-les sur les assiettes. Nappez de sauce autour.
Décorez de feuilles de basilic et servez aussitôt.

« *Vous pouvez remplacer les crevettes par des noix de Saint-Jacques ou du saumon fumé. Dans ce cas, réalisez un beurre blanc à la place de la sauce.* » Sophie

Écrevisses aux asperges

pour 6 personnes

36 écrevisses fraîches ou surgelées
3 gousses d'ail en chemise écrasées
3 queues de persil
3 c. à s. d'huile d'olive

Pour le lapin
6 épaules de lapin
1 gros oignon
6 tranches fines de poitrine fumée
4 c. à s. d'huile d'olive
sel, poivre du moulin

Pour la garniture
48 pointes d'asperges vertes
200 g de girolles ou de champignons de Paris frais ou surgelés
50 g de beurre
4 c. à s. d'huile d'olive
fleur de sel, poivre du moulin

Préparation du lapin

Préchauffez le four à chaleur tournante à 140 °C.
Dans une cocotte, faites chauffer l'huile.
Faites dorer les épaules de lapin et la poitrine fumée à feu moyen.
Épluchez et émincez l'oignon.
Ajoutez-le au lapin.
Assaisonnez, couvrez et faites confire au four pendant 1 h 30.

Préparation de la garniture

Grattez le pied des girolles.
Lavez-les sous l'eau froide et essuyez-les.
Coupez-les en deux si elles sont grosses.
Dans une poêle, faites chauffer 2 cuillerées à soupe d'huile d'olive.
Faites sauter les girolles à feu vif pendant 3 minutes. Assaisonnez et réservez.
Dans la même poêle, faites fondre le beurre avec le reste de l'huile.
Faites sauter les pointes d'asperges à feu moyen pendant environ 6 minutes. Assaisonnez-les.
Mélangez les champignons avec les asperges.

Préparation des écrevisses

Décortiquez les queues des écrevisses en laissant la tête accrochée.
Dans une cocotte, faites chauffer l'huile d'olive.
Ajoutez les écrevisses et faites-les revenir à feu vif pendant 2 minutes.
Ajoutez les gousses d'ail et les queues de persil.
Assaisonnez, couvrez et laissez infuser hors du feu pendant 10 minutes.

Finition et présentation

Retirez le lapin et la poitrine de la cocotte.
Récupérez le jus dans une casserole.
Retirez les écrevisses et récupérez le jus.
Mettez-le avec le jus de lapin.
Posez la casserole sur feu moyen et ajoutez le beurre petit à petit, tout en fouettant.
Rectifiez l'assaisonnement.
Disposez les écrevisses sur les assiettes, le lapin et la poitrine par-dessus et la garniture autour.
Nappez de jus et décorez de persil.

« *Vous pouvez remplacer les écrevisses par des langoustines.* » Sophie

Poissons

Ingrédients :

1 pâte feuilletée prête à dérouler ou
1 pâte à foncer (voir p. 233)

60 filets d'anchois frais, marinés à l'huile
6 tomates
120 g de tapenade
1/2 bouquet de basilic
1 c. à s. d'huile d'olive
sel, poivre du moulin

Tarte fine aux anchois

pour 6 personnes

Préchauffez le four sur chaleur tournante à 180 °C.

Déroulez la pâte sur la plaque du four froide sur du papier sulfurisé.

Posez une nouvelle feuille de papier par-dessus et recouvrez avec des légumes secs ou des cailloux.

Faites cuire au four, à blanc, pendant 15 minutes.

Mondez les tomates, coupez-les en quatre et épépinez-les.

Mettez-les dans une passoire et saupoudrez-les avec 1 cuillerée à café de sel fin afin de les faire dégorger.

Égouttez les anchois.

Essuyez un à un les morceaux de tomate à l'aide d'un papier absorbant et posez-les sur la pâte à tarte.

Répartissez dessus les filets d'anchois en rosace. Poivrez.

Tartinez de tapenade.

Arrosez d'huile d'olive et couvrez d'un papier sulfurisé.

Mettez au four pendant 5 minutes.

Décorez de basilic et servez aussitôt.

« Lorsque vous faites cuire une pâte à blanc, badigeonnez-la à mi-cuisson d'un jaune d'œuf battu, avec un pinceau. Cette opération imperméabilise la pâte et lui évite de se détremper. Il est indispensable également, dès la sortie du four, de déposer la tarte sur une grille. » **Sophie**

Viandes et volailles

Carré d'agneau aux épices

Souris d'agneau aux agrumes

Filet de bœuf et sa sauce bordelaise

Joue de bœuf en miroton

Entrecôte frites

Côte de bœuf du Charolais

Carré de porc rôti aux boudins noirs

Saltimbocca de veau

Médaillon de veau en grenadin

Jarret de veau caramélisé

Ris de veau finement pané aux cèpes

Foie de veau à la florentine

Rognon de veau de lait en fricassée à la moutarde

Épaules de lapin fondantes

Râble de lapin façon rognonnade

Magret de canard à l'orange

Foie gras frais aux pommes et aux raisins

Blancs de poulet en pojarski

Poulet en fricassée

Pigeonneau rôti aux gousses d'ail

Viandes et volailles

Carré d'agneau aux épices

*pour **6** personnes*

2 carrés d'agneau de 6 côtes chacun
2 brins de thym
2 gousses d'ail épluchées
fleur de sel, poivre du moulin

Pour la fondue d'oignons

5 oignons rouges
2 gousses d'ail épluchées et écrasées
le zeste de 2 citrons
1 c. à s. de mélange cinq-épices ou
de quatre-épices
6 cl de fond de veau
3 c. à s. d'huile d'olive
fleur de sel, poivre du moulin

Pour la garniture

24 amandes entières
6 abricots secs
25 g de câpres
1 bocal de pimientos del Piquillo
80 g de raisins de Corinthe
2 gousses d'ail
2 brins de thym
10 cl de fond de veau
20 g de beurre
sel, poivre du moulin

Préparation de la fondue d'oignons

Préchauffez le four à 120 °C.
Épluchez les oignons et émincez-les finement.
Dans une cocotte, faites chauffer l'huile.
Faites-y revenir les oignons à feu doux pendant 3 minutes.
Ajoutez les gousses d'ail, les épices et les zestes de citron.
Assaisonnez et mélangez.
Couvrez et faites cuire au four pendant 2 heures, en remuant de temps en temps.
Remettez la cocotte sur le feu et faites légèrement caraméliser l'ensemble, à feu doux.
Ajoutez le fond de veau. Rectifiez l'assaisonnement et mélangez.

Préparation de la garniture

Concassez légèrement les amandes et coupez les abricots en deux.
Épluchez les gousses d'ail, coupez-les en deux et retirez le germe.
Égouttez les pimientos et coupez-les en lamelles.
Dans une sauteuse, faites fondre le beurre.
Ajoutez les amandes, les abricots, les gousses d'ail, les raisins et le thym.
Versez le fond de veau.
Mélangez et laissez mijoter à feu doux pendant 15 minutes.
Hors du feu, ajoutez les câpres et les pimientos. Assaisonnez et mélangez.

Cuisson des carrés d'agneau

Préchauffez le four à 250 °C.
Frottez chaque carré d'agneau de fleur de sel, de thym et d'ail. Poivrez.
Posez-les dans un plat à gratin.
Arrosez-les d'huile d'olive et mettez-les au four pendant 10 minutes à 250 °C puis 25 minutes à 200 °C.
Hors du four, posez une feuille d'aluminium par-dessus et laissez reposer 5 minutes avant de la découper.

Finition et présentation

Déposez la garniture de fruits secs au centre des assiettes.
Posez les côtes du carré dessus et la fondue d'oignons autour.
Parsemez de fleur de sel et décorez de persil ou de coriandre.

Viandes et volailles

Souris d'agneau aux agrumes

*pour **6** personnes*

6 souris d'agneau
2 c. à s. d'huile d'olive
sel, poivre du moulin

Pour la croûte d'agrumes
150 g de beurre
80 g de chapelure
10 cl de jus d'orange (1 orange)
5 cl de jus de citron (1 citron)
5 cl de jus de pamplemousse
(1/2 pamplemeousse)
le zeste des agrumes
20 g de sucre semoule
1 c. à c. de moutarde à l'ancienne
1 c. à s. d'huile d'olive

Réalisation de la croûte d'agrumes

Hachez les zestes des agrumes et plongez-les 30 secondes dans de l'eau bouillante.
Égouttez-les.
Dans une casserole, versez le jus des agrumes.
Ajoutez le sucre et les zestes.
Faites réduire le mélange, à feu vif, jusqu'à consistance sirupeuse.
Dans un saladier, mélangez le beurre, la chapelure et la réduction d'agrumes.
Assaisonnez.
Ajoutez l'huile d'olive et la moutarde.

Cuisson des souris d'agneau

Préchauffez le four à 230 °C.
Dans une cocotte, faites chauffer l'huile d'olive à feu vif.
Mettez-y les souris d'agneau et faites-les dorer sur toutes les faces pendant 5 minutes.
Assaisonnez.
Placez les souris d'agneau dans un plat à gratin.
Tartinez-les de chapelure d'agrumes.
Mettez au four, faites cuire à 230 °C pendant 5 minutes, puis terminez la cuisson à 200 °C pendant 15 minutes.
Arrosez souvent les souris avec leur jus.

Finition et présentation

Déposez les souris sur les assiettes chaudes et servez aussitôt.
Ces souris d'agneau se servent accompagnées d'un mille-feuille croustillant (voir p.158) ou d'une purée de pommes de terre.

« Vous pouvez remplacer les souris d'agneau par une épaule d'agneau ou un gigot d'agneau. » Sophie

Viandes et volailles

Filet de bœuf
et sa sauce bordelaise

*pour **6** personnes*

6 tournedos de filet de bœuf de
180 g pièce
20 g de beurre
2 c. à s. d'huile de tournesol
fleur de sel, poivre du moulin

Pour la sauce bordelaise

3 échalotes
1 brin de thym
1 feuille de laurier
1 bouteille de vin rouge
(côtes-du-rhône par exemple)
50 cl de fond de veau
2 os à moelle coupés par
votre boucher
50 g de beurre
1 c. à s. de sucre
vinaigre d'alcool
sel, poivre du moulin

Pour le miroir

3 bouteilles de vin rouge
(côtes-du-rhône par exemple)

« *Lorsque vous flambez le vin,
ne touchez plus à la casserole
jusqu'à ce qu'il n'y ait plus
de flammes et réduisez le feu.
N'hésitez pas à laisser réduire
suffisamment la sauce.* »
Sophie

Préparation de la moelle

Placez la moelle à « dégorger » dans un bol avec de l'eau glacée et un filet de vinaigre
d'alcool pendant 15 minutes.
Plongez-la 3 secondes dans de l'eau bouillante. Égouttez-la.
Retirez délicatement la moelle des os.

Réalisation du miroir

Dans une grande casserole, versez une bouteille de vin.
À ébullition, flambez le vin avec une allumette.
Faites-le réduire à feu vif jusqu'à consistance sirupeuse.
Réalisez la même opération pour la 2e et la 3e bouteille de vin dans la même casserole.
Il ne restera dans le fond de la casserole qu'un miroir brillant de vin.

Préparation de la sauce

Épluchez les échalotes et ciselez-les.
Mettez-les dans une sauteuse avec le sucre, le thym et le laurier. Poivrez.
Versez la bouteille de vin rouge.
Lorsqu'il bout, flambez-le avec une allumette.
Laissez-le réduire jusqu'à consistance épaisse.

Finition et présentation

Faites chauffer la sauce avec le miroir.
Ajoutez le fond de veau.
Filtrez la sauce au chinois ou dans une passoire fine.
Laissez-la réduire à feu vif jusqu'à épaississement.
Ajoutez le beurre petit à petit, en fouettant, puis incorporez la moelle coupée en
morceaux.
Rectifiez l'assaisonnement et gardez au chaud.
Dans une poêle, faites fondre le beurre avec l'huile, à feu vif.
Lorsque le mélange est bien chaud, faites cuire les tournedos suivant la cuisson dési-
rée. Poivrez.
Posez les tournedos sur les assiettes.
Parsemez-les de fleur de sel et nappez de sauce.
Le filet de bœuf se sert accompagné d'un gratin boulangère (voir p.164).

Viandes et volailles

Joues de bœuf en miroton

pour 6 personnes

3 joues de bœuf (faites retirer les nerfs des joues par votre boucher)
60 cl de bouillon de pot-au-feu
1 brin de thym
1 feuille de laurier
poivre du moulin

Pour la garniture
6 oignons
40 g de beurre
15 cl de vinaigre de vin vieux
25 cl de bouillon de poule
12 tomates confites
1 bouquet garni (thym, laurier, queues de persil)
sel, poivre du moulin

Pour la sauce
40 cl de fond de veau
6 brins de ciboulette
poivre du moulin

Cuisson des joues de bœuf
Mettez les joues de bœuf dans un faitout avec du poivre, le thym et le laurier.
Versez le bouillon froid dessus et laissez mijoter à feu doux pendant 3 heures.
Retirez les joues de bœuf et réservez.

Préparation de la garniture
Épluchez les oignons et émincez-les.
Dans une cocotte, faites fondre le beurre.
Ajoutez les oignons et le bouquet garni.
Assaisonnez et laissez blondir légèrement les oignons à feu doux.
Ajoutez le vinaigre et laissez réduire à sec.
Versez le bouillon de poule et faites-le réduire presque à sec.
Retirez le bouquet garni.
Ajoutez les tomates confites coupées en lanières.
Rectifiez l'assaisonnement.

Préparation de la sauce
Dans une casserole, faites réduire le fond de veau jusqu'à consistance épaisse.
Poivrez et ajoutez la ciboulette ciselée.

Finition et présentation
Coupez les joues de bœuf en tranches.
Faites-les réchauffer avec la garniture, dans la cocotte.
Posez les tranches de joues de bœuf sur les assiettes et la garniture à côté.
Parsemez de fleur de sel.
Nappez de sauce et servez aussitôt.
Ces joues de bœuf se servent accompagnées de pommes de terre sautées.

« *Il est important de laisser cuire les joues de bœuf pendant 3 heures.
Vous pouvez remplacer les joues par du paleron de bœuf ou de veau.* » Sophie

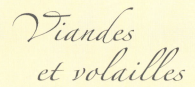

Entrecôte frites

pour 6 personnes

1 entrecôte épaisse de 1,2 kg
4 c. à s. d'huile de tournesol
30 g de beurre
fleur de sel, poivre du moulin

Pour la fondue d'échalotes
12 échalotes
3 gousses d'ail non épluchées, écrasées
1 brin de thym
150 g de graisse de canard
1 bouteille de vin rouge
sel, poivre du moulin

Pour les frites
1 kg de grosses pommes de terre (bintje)
1,2 kg de graisse de canard
1 brin de thym
2 gousses d'ail entières écrasées
200 g de beurre

« *Sortez toujours la viande du réfrigérateur 30 minutes avant de la faire cuire.* » Sophie

Préparation de la fondue d'échalotes

Préchauffez le four à 120 °C.
Épluchez les échalotes et émincez-les.
Faites chauffer la graisse de canard dans une cocotte en fonte.
Ajoutez les gousses d'ail, le thym, les échalotes. Salez et mélangez.
Couvrez, mettez au four et laissez pendant 1 heure jusqu'à ce que les échalotes soient fondantes. Retirez la cocotte du four.
Enlevez l'excédent de graisse et remettez la cocotte sur le feu.
Versez le vin et laissez réduire à feu moyen.
Vous obtenez alors un confit d'échalotes.
Rectifiez l'assaisonnement et réservez.

Réalisation des frites

Lavez les pommes de terre.
Coupez les extrémités des pommes de terre et taillez-les en quartiers réguliers tout en conservant la peau.
Taillez les quartiers de façon à leur donner une belle forme de frites.
Mettez-les dans un saladier d'eau glacée et lavez-les afin de retirer toute la fécule qui les enrobe.
Dans 2 grandes poêles ou sauteuses, faites fondre la graisse de canard.
Ajoutez l'ail et le thym.
Égouttez les pommes de terre et essuyez-les.
Plongez-les dans la graisse de canard chaude et faites-les cuire doucement en les remuant sans cesse. Elles ne doivent pas colorer.
Égouttez-les dans une passoire dès qu'elles sont fondantes.

Finition et présentation

Essuyez les poêles. Faites fondre 100 g de beurre dans chacune d'elle et faites dorer les frites. Assaisonnez-les.
Dans l'autre poêle, faites chauffer l'huile avec le beurre, à feu vif.
Faites cuire l'entrecôte 5 minutes d'un côté puis 5 minutes de l'autre côté en l'arrosant souvent.
Laissez reposer la viande 5 minutes avant de la découper.
Posez les tranches d'entrecôte sur les assiettes chaudes.
Tartinez-les de fondue d'échalotes et parsemez de fleur de sel.
Disposez les frites autour et servez aussitôt.

Viandes et volailles

Côte de bœuf du Charolais

pour 6 personnes

2 côtes de bœuf charolaises d'1,3 kg pièce
5 c. à s. d'huile de pépins de raisin ou de tournesol
50 g de beurre
fleur de sel

Pour la sauce
1 queue de bœuf coupée en morceaux
3 échalotes
3 carottes
4 gousses d'ail non épluchées, écrasées
1 bouquet garni (thym, laurier, queues de persil)
5 c. à s. d'huile de pépins de raisin
1 litre de vin rouge
50 cl de fond de veau
sel, poivre du moulin

Préparation de la sauce (à faire la veille)

Préchauffez le four à 160 °C.
Dans une cocotte, faites chauffer l'huile.
Mettez-y la queue de bœuf et faites-la revenir à feu moyen pendant 5 minutes.
Couvrez, mettez au four et laissez cuire pendant 2 heures.
Épluchez les carottes et les échalotes. Coupez-les grossièrement.
Remettez la cocotte sur le feu.
Ajoutez les légumes à la queue de bœuf ainsi que les gousses d'ail et le bouquet garni.
Dans une casserole, faites chauffer le vin et flambez-le.
Versez-le dans la cocotte et laissez-le réduire à feu vif de moitié.
Versez enfin le fond de veau dans la cocotte.
Mettez au four sans couvrir, à 120 °C.
Laissez cuire pendant 2 heures en remuant la viande de temps en temps.
Filtrez la sauce au chinois ou dans une passoire fine.

Finition et présentation

Faites chauffer la sauce à feu très doux.
Sortez les côtes de bœuf du réfrigérateur 30 minutes avant leur cuisson.
Préchauffez le four à 180 °C.
Dans une poêle, faites chauffer l'huile à feu vif.
Quand l'huile est très chaude, faites-y dorer les côtes de bœuf de chaque côté.
Mettez-les au four, laissez-les cuire pendant 8 minutes.
Retournez-les et faites-les cuire encore 8 minutes.
Retirez-les sur la porte du four, couvrez-les de papier aluminium ménager et laissez-les reposer 5 minutes.
Tranchez la viande et posez les tranches sur les assiettes.
Parsemez de fleur de sel et de poivre.
Nappez de sauce et servez aussitôt.
Ces côtes de bœuf se servent accompagnées de céleri-rave aux échalotes (voir p. 180) ou de frites maison (voir p.116).

Viandes et volailles

1 carré de porc de 1,5 kg
(demandez au boucher de fendre l'os
entre les côtes)
huile d'olive
2 brins de thym
fleur de sel, poivre du moulin

Pour la garniture

2 boudins noirs en rondelles
2 oignons émincés
100 g de lardons
3 pommes
50 g de beurre
4 c. à s. d'huile d'olive
2 c. à s. de calvados
fleur de sel, poivre du moulin.

Pour la purée d'aubergines

4 aubergines
4 c. à s. d'huile d'olive
fleur de sel, poivre du moulin

Carré de porc rôti aux boudins noirs

pour 6 personnes

Cuisson du carré de porc

Préchauffez le four à 160 °C.
Mettez le carré de porc dans un plat à gratin.
Enrobez-le généreusement d'huile d'olive.
Parsemez de thym effeuillé.
Mettez au four et faites cuire la viande pendant 1 h 30, en l'arrosant souvent avec le jus rendu.
Retirez le plat sur la porte du four, couvrez de papier aluminium et laissez reposer la viande 5 minutes avant de la découper.

Préparation de la garniture

Épluchez les pommes, coupez-les en quatre et épépinez-les.
Dans une poêle, faites fondre le beurre.
Ajoutez les pommes et faites-les dorer à feu moyen.
Flambez-les avec le calvados.
Dans une sauteuse, faites dorer dans 2 cuillerées à soupe d'huile d'olive les oignons et les lardons, à feu moyen. Assaisonnez.
Dans une poêle, faites dorer dans le reste de l'huile les boudins coupés en rondelles.
Ajoutez-les aux oignons.

Préparation de la purée d'aubergines

Préchauffez le four à 140 °C.
Lavez les aubergines. Ôtez les extrémités.
Enveloppez-les de papier aluminium et mettez au four pendant 50 minutes.
Coupez-les en deux et retirez la chair à l'aide d'une cuillère.
Mettez la pulpe dans une casserole avec l'huile d'olive et desséchez-la à feu doux, en remuant. Assaisonnez.

Présentation

Répartissez la purée d'aubergines sur les assiettes.
Posez la garniture dessus puis les côtes du carré.
Parsemez de fleur de sel et nappez du jus de cuisson du carré autour.

Viandes et volailles

Saltimbocca de veau

*pour **6** personnes*

2 filets mignons de veau
de 450 g chacun
9 fines tranches de jambon cru fumé
(Serrano ou Jabugo)
1 carotte
1 oignon
1 branche de céleri
10 cl de jus de veau
30 g de beurre
2 c. à s. d'huile d'olive
9 feuilles de sauge
sel, poivre du moulin

Pour la panure à l'anglaise

10 cl de lait
2 œufs
3 c. à s. d'huile d'olive
100 g de chapelure
100 g de farine
sel, poivre du moulin

Pour la garniture

40 oignons grelots
12 tomates confites
1 boîte de pulpe de tomates
5 cl de jus de veau
20 g de beurre
1 c. à s. de persil haché
2 pincées d'origan
1 c. à c. de sucre
sel, poivre du moulin

Préparation de la garniture

Épluchez les oignons. Assaisonnez-les de sel et de sucre.
Dans une sauteuse, faites-les cuire à couvert, sur feu doux, avec 20 g de beurre, pendant 10 minutes.
Ajoutez le persil et les tomates confites. Mélangez et réservez.
Dans une sauteuse, faites chauffer la pulpe de tomates avec le jus de veau.
Ajoutez l'origan.
Rectifiez l'assaisonnement.

Préparation de la panure

Dans une assiette creuse, mélangez les œufs, le lait et l'huile. Assaisonnez.
Dans une autre assiette, mettez la farine puis dans une troisième la chapelure.

Préparation des saltimbocca

Coupez 18 tranches de 50 g pièce dans les filets mignons. Assaisonnez.
Épluchez la carotte, l'oignon et le céleri. Lavez-les et coupez-les en dés.
Faites revenir les légumes dans une poêle avec le beurre chaud, sans coloration, pendant 1 minute à feu moyen.
Versez le jus de veau et laissez confire pendant 10 minutes à feu doux.
Étalez les tranches de jambon, enlevez le gras et coupez-les en deux.
Posez sur chaque demi-tranche de jambon un petit tas de légumes, une demi-feuille de sauge et un morceau de filet mignon.
Roulez les tranches de jambon.

Finition et présentation

Passez, d'un seul côté, les saltimbocca dans la farine puis dans les œufs et enfin dans la chapelure.
Dans une sauteuse, faites chauffer le beurre restant et l'huile.
Démarrez la cuisson des saltimbocca sur feu vif, du côté panure, durant 3 minutes puis retournez-les.
Finissez la cuisson à feu doux pendant 10 minutes.
Dressez les légumes sur l'assiette, posez les saltimbocca par-dessus et arrosez de sauce au jus de veau tomaté.

Viandes et volailles

Médaillon de veau en grenadin

pour 6 personnes

6 médaillons de veau de 180 g pièce
2 gousses d'ail épluchées, écrasées
1 brin de thym
12 amandes entières
80 g de beurre
2 c. à s. d'huile d'olive
fleur de sel, poivre du moulin

Pour le jus de veau
1 boîte de pulpe de tomates
1 c. à s. de concentré de tomates
1 c. à c. de sucre semoule
5 cl de jus de veau
2 gousses d'ail épluchées, écrasées
2 branches de basilic
sel, poivre du moulin

Préparation du jus de veau

Dans une sauteuse, versez la pulpe de tomates et les gousses d'ail.
Faites mijoter le tout jusqu'à évaporation totale du jus.
Ajoutez le concentré de tomates et le sucre. Mélangez.
Versez le jus de veau et laissez réduire à feu vif jusqu'à ce que la sauce épaississe.
Assaisonnez et ajoutez les feuilles de basilic ciselées.

Cuisson des médaillons de veau

Dans une poêle, faites chauffer l'huile.
Faites dorer à feu vif les médaillons pendant 2 minutes de chaque côté.
Ajoutez les gousses d'ail, le thym et le beurre.
Laissez cuire encore à feu doux 4 minutes de chaque côté en arrosant souvent les médaillons avec leur jus de cuisson.

Finition et présentation

Concassez les amandes.
Posez les médaillons de veau sur les assiettes.
Nappez de sauce autour.
Parsemez de fleur de sel et d'amandes concassées.
Décorez de basilic et servez aussitôt.
Servez ces médaillons accompagnés de purée de pommes de terre.

Viandes et volailles

Jarret de veau caramélisé

*pour **6** personnes*

2 jarrets de veau
3 carottes
2 oignons
2 gousses d'ail épluchées écrasées
1 branche de céleri
4 c. à s. de miel
10 cl de vinaigre de vin
40 cl de jus de veau
3 c. à s. d'huile d'olive
2 brins de thym
sel, poivre du moulin

Épluchez les légumes et coupez-les en morceaux.
Préchauffez le four à 160 °C.
Dans une cocotte en fonte, faites chauffer l'huile à feu vif.
Faites dorer les jarrets sur toutes les faces.
Ajoutez les légumes, les gousses d'ail et le thym.
Faites revenir à feu moyen pendant 5 minutes.
Versez le vinaigre. Mélangez, puis ajoutez le miel et le jus de veau.
Assaisonnez et mélangez.
Couvrez et faites cuire au four pendant 2 heures.

Finition et présentation

Retirez les jarrets et les légumes.
Remettez la cocotte sur le feu et faites réduire la sauce jusqu'à épaississement.
Rectifiez l'assaisonnement.
Découpez les jarrets et remettez-les dans la cocotte.
Servez aussitôt.
Ces jarrets se servent accompagnés d'une purée de pommes de terre.

« *Vous pouvez remplacer le jarret de veau par du porc.* » Sophie

Viandes et volailles

6 noix de ris de veau de 200 g pièce
2 œufs
150 g de farine
100 g de chapelure
50 g de beurre
le jus de 1/2 citron
fleur de sel, poivre du moulin

Pour la garniture
12 cèpes
1 échalote hachée
1 c. à s. de persil haché
1 c. à s. d'huile d'olive
fleur de sel

Pour le velouté
500 g de cèpes frais ou surgelés
20 cl de bouillon de poule
5 c. à s. d'huile d'olive
fleur de sel, poivre du moulin

Ris de veau finement pané aux cèpes

pour 6 personnes

Préparation de la garniture

Retirez la partie terreuse du pied de tous les cèpes.
Lavez-les sous l'eau froide et essuyez-les.
Émincez finement 6 cèpes (avec une mandoline, c'est mieux).
Arrosez-les d'huile d'olive.
Ajoutez l'échalote et salez.
Coupez les 6 autres en deux.
Faites chauffer l'huile dans une poêle, à feu vif et faites-les sauter pendant 3 minutes. Assaisonnez.

Réalisation du velouté

Coupez les cèpes en deux.
Dans une sauteuse, faites chauffer l'huile d'olive.
Ajoutez les cèpes et faites-les revenir à feu doux pendant 10 minutes. Assaisonnez.
Dans une casserole, portez le bouillon de poule à ébullition.
Versez-le sur les cèpes et laissez cuire pendant 20 minutes.
Mixez à l'aide d'un mixer blender ou d'un mixer plongeant et passez le velouté au chinois ou dans une passoire fine.
Rectifiez l'assaisonnement.

Préparation et cuisson des ris de veau

Mettez les ris de veau dans un faitout d'eau froide.
Portez à ébullition 1 minute, égouttez et plongez les ris dans de l'eau glacée.
Éliminez les nerfs, les vaisseaux sanguins et les peaux externes puis séchez les ris.
Battez les œufs dans une assiette creuse et assaisonnez-les.
Mettez la farine dans une autre assiette et la chapelure dans une troisième assiette.
Panez les noix de ris de veau en les passant successivement dans la farine, les œufs et la chapelure.
Dans une sauteuse, faites fondre le beurre.
Quand il est chaud, faites dorer les noix de ris de veau des 2 côtés, en les arrosant avec le beurre.
En fin de cuisson, arrosez-les de jus de citron. Assaisonnez.

Présentation

Dressez les cèpes cuits et crus sur les assiettes.
Ajoutez les noix de ris de veau panées et nappez de velouté.
Servez aussitôt.

Viandes et volailles

Foie de veau à la florentine

*pour **6** personnes*

1 tranche de foie de veau de 900 g
2 c. à s. de graisse de canard
2 gousses d'ail non épluchées,
écrasées
1 brin de thym
1 feuille de laurier
1 branche de romarin
fleur de sel, poivre du moulin

Pour la sauce

le zeste râpé et le jus de 1/2 citron
1 c. à s. de miel
2 échalotes
5 cl de Noilly Prat
5 cl de vinaigre balsamique
10 cl de jus de veau
20 g de beurre
20 grains de raisin
20 g de câpres
fleur de sel, poivre du moulin

Pour la garniture

1 kg de pousses d'épinards
1 gousse d'ail épluchée
50 g de beurre
4 gousses d'ail confites (facultatif)
(voir p. 233)
sel, poivre du moulin

Réalisation de la sauce

Épluchez les échalotes et ciselez-les.
Dans une casserole, faites fondre le beurre.
Faites revenir les échalotes avec du poivre, à feu doux, pendant 2 minutes.
Ajoutez le miel et faites caraméliser légèrement.
Ajoutez le jus de citron et le Noilly Prat.
Laissez réduire de moitié à feu vif.
Versez le vinaigre et faites à nouveau réduire de moitié.
Ajoutez le jus de veau et laissez réduire à feu doux, jusqu'à ce que la sauce épaississe.
Ajoutez les grains de raisins, les câpres et le zeste du citron.
Rectifiez l'assaisonnement.

Préparation de la garniture

Lavez les pousses d'épinards et égouttez-les.
Piquez la gousse d'ail avec une fourchette.
Faites chauffer 25 g de beurre dans une sauteuse.
Lorsqu'il est de couleur noisette, ajoutez la moitié des pousses d'épinards.
Assaisonnez-les et faites-les fondre en les mélangeant à l'aide de la fourchette avec la gousse d'ail piquée.
Égouttez-les dans une passoire et renouvelez l'opération avec la seconde moitié des épinards.

Préparation et cuisson du foie de veau

Retirez la fine pellicule transparente qui recouvre le foie.
Dans une cocotte en fonte, faites fondre la graisse de canard.
Posez le foie dans la graisse avec les gousses d'ail, le thym, le laurier et le romarin.
Faites-le dorer à feu moyen pendant environ 15 minutes.

Finition et présentation

Coupez le foie de veau en 6 tranches régulières.
Dressez les épinards sur les assiettes et parsemez-les de gousses d'ail confites.
Ajoutez les tranches de foie de veau.
Parsemez de fleur de sel et de poivre puis nappez de sauce. Servez aussitôt.
Vous pouvez accompagner ce plat de quelques rondelles de pommes de terre sautées.

Viandes et volailles

Gratin de macaroni

500 g de macaroni
100 g de beurre
20 cl de bouillon de poule
20 cl de fond de veau
50 g de mascarpone
20 cl de crème liquide
50 g de parmesan frais râpé
fleur de sel, poivre du moulin

Les rognons

3 rognons de veau de lait
75 g de beurre
3 gousses d'ail en chemise
fleur de sel

Pour la sauce moutarde

2 échalotes ciselées
25 cl de vin blanc
20 cl de jus de veau
10 cl de crème épaisse
1 c. à c. de moutarde de Dijon
1 c. à c. de moutarde de Meaux
15 g de graines de coriandre
2 branches d'estragon
2 gousses d'ail en chemise
2 c. à s. d'huile d'olive
sel, poivre du moulin

Rognon de veau de lait en fricassée à la moutarde

pour 6 personnes

Préparation du gratin de macaroni

Dans une sauteuse, faites fondre le beurre.
Ajoutez les macaroni. Mélangez.
Versez le fond de veau et le bouillon de poule dessus.
Laissez cuire jusqu'à ce que le liquide soit complètement absorbé.
Ajoutez la crème liquide et le mascarpone. Assaisonnez et mélangez.
Déposez les macaroni dans un plat à gratin et saupoudrez-les de parmesan.

Préparation des rognons

Enlevez la fine peau qui recouvre les rognons.
Séparez-les en deux dans le sens de la longueur.
Supprimez toutes les parties blanchâtres et les canaux rénaux.
Coupez-les en cubes réguliers.

Préparation de la sauce moutarde

Dans une sauteuse, faites chauffer 2 cuillerées à soupe d'huile d'olive.
Faites revenir les échalotes à feu doux.
Versez le vin blanc et ajoutez la coriandre, l'ail et une branche d'estragon.
Faites réduire pratiquement à sec.
Ajoutez le jus de veau et laissez réduire de moitié à feu moyen.
Ajoutez la moutarde de Dijon et filtrez la sauce au chinois ou dans une passoire fine.

Finition et présentation

Faites gratiner les macaroni sous le gril du four.
Dans une sauteuse, faites fondre 75 g de beurre.
Assaisonnez les rognons puis faites-les sauter 3 minutes avec les gousses d'ail, à feu vif.
Égouttez-les et mettez-les dans la sauce moutarde. Portez à ébullition 2 secondes.
Ajoutez la moutarde de Meaux et la crème.
Déposez les rognons au milieu des assiettes.
Nappez de sauce et décorez de feuilles d'estragon.
Servez les rognons accompagnés du gratin de macaroni.

Viandes et volailles

Épaules de lapin fondantes

pour 6 personnes

Pour le lapin

12 épaules de lapin
200 g de lardons nature
2 oignons émincés
20 olives noires dénoyautées
12 tomates confites
1/2 bouteille de vin blanc sec
2 c. à s. d'huile d'olive
50 cl de bouillon de poule
50 g de beurre
6 gousses d'ail en chemise
1 bouquet garni (1 branche de thym,
1 feuille de laurier, queues de persil,
1 ruban de zeste d'orange)
sel, poivre du moulin

Pour la garniture

125 g de polenta précuite
50 cl de lait
60 g de parmesan râpé
80 g de beurre
1 c. à s. d'huile d'olive
sel, poivre du moulin

Préparation et cuisson du lapin

Préchauffez le four à 160 °C.
Dans une grande cocotte, faites chauffer l'huile.
Faites dorer les lardons puis égouttez-les dans une passoire en laissant le gras de cuisson dans la cocotte.
Dans le gras des lardons, faites dorer les épaules de la même manière.
Réservez avec les lardons.
Toujours dans la même cocotte, mettez une noisette de beurre.
Ajoutez les oignons émincés, le bouquet garni et les gousses d'ail. Assaisonnez.
Laissez revenir sur feu doux en remuant avec une spatule en bois, jusqu'à ce que l'ensemble prenne une légère coloration blonde.
Remettez les épaules et les lardons dans la cocotte.
Versez le vin blanc et le bouillon de poule.
Portez à ébullition, couvrez et mettez au four pendant 1 h 30.
Sortez la cocotte du four et laissez reposer 10 minutes.
Ôtez les épaules de la cocotte et maintenez-les au chaud.
Ajoutez au jus restant les tomates confites coupées en deux et les olives.
Incorporez le reste du beurre et 1 cuillerée à soupe d'huile d'olive pour lier la sauce.

Préparation de la polenta

Faites bouillir le lait et versez-y la semoule en pluie en remuant.
Faites cuire à feu doux pendant 5 minutes en tournant constamment.
Hors du feu, incorporez le beurre puis le parmesan râpé puis l'huile d'olive.
Assaisonnez.

Présentation

Répartissez la polenta sur les assiettes et disposez les épaules de lapin dessus.
Nappez de sauce, parsemez de fleur de sel et de poivre.

« *Vous pouvez très bien utiliser les cuisses et les râbles d'un lapin si vous le désirez.* » *Sophie*

Viandes et volailles

Râble de lapin façon rognonnade

pour 6 personnes

6 râbles de lapin de 250 g chacun
18 tranches fines de poitrine fumée
2 c. à s. d'huile d'olive
20 g de beurre
sel, poivre du moulin

Pour la farce
80 g de lardons salés
5 feuilles de sauge
1 brin de romarin
10 olives noires dénoyautées

Pour la sauce moutarde
2 échalotes
1 branche d'estragon
15 cl de vin blanc sec
30 g de beurre
2 c. à c. de moutarde de Dijon
2 c. à c. de moutarde à l'ancienne
poivre du moulin

Préparation de la farce

Dans un bol, mélangez les lardons, les olives coupées en morceaux, les aiguilles de romarin et les feuilles de sauge ciselées.

Préparation des râbles

Désossez les râbles et réservez les rognons.
Étalez 3 tranches de poitrine fumée en les faisant chevaucher légèrement.
Répartissez les morceaux d'un râble sur le lard.
Assaisonnez et déposez un peu de farce sur le lapin puis les 2 rognons.
Enroulez le lard autour de la préparation.
Procédez de la même façon pour les autres râbles.
Ficelez chaque roulade avec de la ficelle de cuisine.
Préchauffez le four à 180 °C.
Dans une cocotte, faites chauffer l'huile d'olive et le beurre.
À feu vif, faites dorer les râbles des 2 côtés.
Couvrez la cocotte et faites cuire au four pendant 30 minutes.
Débarrassez les râbles sur un plat.
Recouvrez-les de papier aluminium.

Préparation de la sauce

Épluchez les échalotes et émincez-les.
Dans une casserole, mettez les échalotes émincées avec le vin blanc et l'estragon.
Poivrez et faites réduire le vin blanc à sec.
Versez les échalotes dans la cocotte avec le jus de cuisson du lapin.
Laissez mijoter à feu doux 1 minute.
Mélangez le beurre avec les moutardes et ajoutez-le petit à petit à la sauce, tout en fouettant.

Présentation

Déficelez les râbles et coupez-les en tranches. Posez-les sur les assiettes.
Nappez de sauce et décorez de brins de romarin.
Ces râbles se servent accompagnés d'un gratin de macaroni (voir p. 132).

Viandes et volailles

Magret de canard à l'orange

*pour **6** personnes*

3 magrets de canard de 400 g pièce
50 g de miel
2 c. à s. d'huile de tournesol
1 noisette de beurre
sel, poivre du moulin

Pour la sauce

50 cl de jus d'orange (6 oranges)
100 g de miel
50 cl de vinaigre de xérès
50 cl de fond de volaille
1 bouteille de vin rouge

Pour les épices

5 c. à s. de quatre-épices
2 c. à s. de macis en poudre

Préparation de la sauce

Dans un bol, mélangez toutes les épices.
Dans une sauteuse, mélangez le miel avec le jus d'orange.
Faites réduire à feu moyen jusqu'à consistance sirupeuse.
Ajoutez le vinaigre et mélangez.
À feu vif, laissez réduire de moitié.
Dans une casserole, versez le vin et faites-le flamber avec une allumette.
Ajoutez-le au vinaigre et faites réduire de moitié à feu vif.
Pour finir, versez le fond de volaille et laissez réduire jusqu'à consistance épaisse.
Ajoutez 1 cuillerée à soupe de mélange d'épices et mélangez.

Préparation et cuisson des magrets

Supprimez un peu de graisse des magrets.
Incisez le reste en veillant à ne pas atteindre la chair.
Enrobez les magrets d'huile.
Salez-les puis roulez-les dans le reste des épices.
Tapotez-les légèrement pour enlever l'excédent.
Dans une poêle, faites fondre le beurre.
Quand il est bien chaud, posez les magrets, côté graisse en premier.
Faites-les cuire 7 minutes à feu moyen.
Retournez-les et finissez la cuisson pendant 3 minutes.
Les magrets de canard se mangent rosés.

Finition et présentation

Escalopez les magrets et disposez-les sur les assiettes chaudes, la peau sur le dessus.
Nappez de sauce.
Ces magrets se servent accompagnés de rondelles de pommes de terre ou de navets sautés.

« Plus une sauce est réduite, meilleure elle est ! Alors, un peu de patience ! » Sophie

Viandes et volailles

2 lobes de foie gras cru
de 500 g pièce
fleur de sel, poivre du moulin

Pour la sauce

100 g de foie gras cru
(pris dans le kilo)
2 pommes vertes granny-smith
100 g de gros raisin blanc
10 cl de porto rouge
1 c. à c. de vinaigre de xérès
50 cl de fond de volaille
sel, poivre du moulin

Pour la garniture

6 pommes vertes granny-smith
12 grains de gros raisin noir
12 grains de gros raisin blanc
20 g de beurre clarifié (voir p. 236)
sel

« *Vous pouvez remplacer les pommes par des pêches. Aidez-vous d'un trombone pour épépiner le raisin.* » *Sophie*

Foie gras frais aux pommes et aux raisins
pour 6 personnes

Préparation de la sauce

Coupez 100 g de foie gras en dés.
Coupez les pommes en deux, épépinez-les et coupez-les en morceaux sans les éplucher.
Pressez légèrement le raisin.
Dans une casserole, à feu vif, faites revenir 1 minute le foie gras.
Ajoutez les pommes et faites-les revenir 2 minutes.
Enfin, ajoutez le raisin et faites-le revenir 1 minute.
Versez le porto et laissez réduire de moitié.
Versez le fond de volaille et laissez réduire à feu moyen jusqu'à ce que la sauce épaississe.
Ajoutez le vinaigre et filtrez la sauce au chinois ou dans une passoire fine.
Assaisonnez.

Préparation de la garniture

Pelez les pommes, coupez-les en six et épépinez-les.
Coupez 6 quartiers en petits dés.
Coupez les grains de raisin en deux et épépinez-les.
Dans une poêle, faites dorer les quartiers de pomme dans le beurre clarifié.
Salez en fin de cuisson.
Mettez les dés de pomme et les grains de raisin dans la sauce.

Cuisson du foie gras

Coupez le foie gras en 6 escalopes d'environ 150 g pièce.
Faites chauffer à feu vif une poêle sans matière grasse.
Mettez les escalopes de foie gras et faites-les cuire 1 minute de chaque côté.
Égouttez-les sur du papier absorbant et assaisonnez-les.

Finition et présentation

Vérifiez l'assaisonnement de la sauce.
Dressez les escalopes de foie chaudes sur les assiettes.
Disposez les quartiers de pomme autour ainsi que les grains de raisin.
Nappez de sauce et servez aussitôt.

Viandes et volailles

Blancs de poulet en pojarski

*pour **6** personnes*

600 g de blancs de poulet
300 g de pain de mie sans croûte
45 cl de crème liquide
120 g de beurre
2 c. à s. d'huile d'olive
3 pincées de paprika
sel, poivre du moulin

Pour la panure

3 œufs
2 c. à s. de lait entier
ou demi-écrémé
4 c. à s. de sauce soja
250 g de farine
250 g de chapelure
1 c. à s. d'huile d'olive
sel, poivre du moulin

Pour le jus vert

1 botte de persil plat
2 c. à s. de fond de volaille
le jus de 1/2 citron
1 c. à s. d'huile d'olive
sel, poivre du moulin

Préparation des pojarski

Coupez le pain de mie en dés.
Mettez-les dans un saladier avec la crème et laissez-les pendant 30 minutes.
Égouttez-les dans une passoire sans les presser.
Hachez les blancs de poulet au robot-coupe.
Assaisonnez-les de sel, de poivre et de paprika.
Mélangez le pain avec le poulet et 100 g de beurre coupé en petits morceaux.
Malaxez bien afin d'obtenir une pâte homogène et laissez-la 15 minutes au frais.
Divisez la préparation en 6 parts égales et façonnez-les de manière à reconstituer la forme d'un blanc de poulet.
Laissez 1 heure au congélateur.

Préparation de la panure

Cassez les œufs dans une assiette creuse et mélangez-les avec l'huile d'olive, le lait et la sauce soja. Assaisonnez.
Mettez la farine dans une autre assiette puis la chapelure dans une troisième.
Roulez les pojarski dans la farine et tapotez-les légèrement afin d'en retirer l'excédent.
Passez-les un à un dans les œufs puis dans la chapelure. Réservez au frais.

Réalisation du jus vert

Effeuillez le persil plat.
Plongez-le dans une casserole d'eau bouillante salée pendant 3 secondes puis, à l'aide d'une écumoire, mettez-le dans de l'eau glacée.
Égouttez-le et essorez-le. Hachez-le à l'aide d'un robot-coupe et réservez au frais.

Finition et présentation

Dans une poêle, faites dorer les pojarski à feu moyen dans 20 g de beurre chaud.
À feu doux, faites chauffer le jus vert et versez-y le fond de volaille, l'huile d'olive et le jus de citron, en fouettant.
Rectifiez l'assaisonnement.
Dressez les pojarski sur les assiettes et entourez-les de jus vert.
Parsemez de fleur de sel et de poivre et servez aussitôt.
Les pojarski se servent accompagnés de galettes de pommes de terre ou de pommes dauphine.

Viandes et volailles

Poulet en fricassée

pour 6 personnes

2 poulets de 1,4 kg pièce, coupés en morceaux par votre volailler
2 boîtes de pulpe de tomates
2 c. à s. de concentré de tomates
30 cl de vinaigre de vin vieux
8 cl de vin blanc sec
20 cl de fond de volaille
100 g de beurre
2 c. à s. d'huile d'olive
12 gousses d'ail en chemise
1 bouquet garni
(2 branches d'estragon
+ 1 pour la décoration,
1 brin de thym, 1 feuille de laurier)
sel, poivre du moulin

Dans une cocotte en fonte, faites chauffer l'huile d'olive à feu vif.
Faites dorer les morceaux de poulet. Assaisonnez.
Ajoutez le beurre et les gousses d'ail puis finissez la coloration.
Retirez les morceaux de poulet et les gousses d'ail.
Videz entièrement la graisse de la cocotte puis remettez-la sur le feu, avec le poulet.
Réservez les gousses d'ail.
Versez 5 cl de vinaigre.
Enrobez bien les morceaux de poulet avec le vinaigre.
Dès que le vinaigre est réduit à sec, remettez-en encore 5 cl. Faites-le réduire de nouveau à sec.
Renouvelez l'opération encore 4 fois.
Ajoutez ensuite le bouquet garni, les gousses d'ail réservées, la pulpe et le concentré de tomates, le vin blanc et le fond de volaille.
Portez à ébullition, couvrez, puis laissez mijoter à feu très doux.
Enlevez les morceaux de poulet au fur et à mesure qu'ils sont cuits.

Finition et présentation

Filtrez la sauce au chinois ou dans une passoire fine.
Faites-la réduire à feu vif jusqu'à ce qu'elle épaississe.
Rectifiez l'assaisonnement.
Dressez les morceaux de poulet sur les assiettes et nappez de sauce.
Décorez de feuilles d'estragon.
Cette fricassée de poulet se sert accompagnée d'un gratin de macaroni (voir p. 132) ou de tagliatelles fraîches.

« *Il vaut mieux acheter un poulet entier et le couper en morceaux que d'acheter les morceaux séparément. La chair d'un poulet entier sera bien plus moelleuse.* » *Sophie*

Viandes et volailles

Pigeonneau rôti aux gousses d'ail

pour 6 personnes

Ingrédients :

6 pigeonneaux de 350 g pièce flambés, vidés (conservez les foies) et bridés par votre volailler
12 gousses d'ail en chemise
3 brins de thym
6 c. à s. d'huile d'olive
sel, poivre du moulin

Pour la marmelade de cerises

500 g de cerises dénoyautées fraîches ou surgelées
15 g de sucre semoule
15 cl de nectar de cerises (Granini ou Caraïbos)
8 cl de vinaigre de cidre
1 ruban de zeste de citron
1 c. à c. de graines de fenouil
1 c. à c. de poivre en grains
1 c. à c. de sel
20 g d'allumettes de lardons

Pour les foies

les foies des pigeons
30 g de beurre
1/2 baguette
sel, poivre du moulin

Réalisation de la marmelade (à faire 48 h à l'avance)

Dans un saladier, faites mariner pendant 24 heures les cerises avec le sel, le sucre, le vinaigre et le nectar de cerises.
Enfermez dans une boule à thé ou dans de la gaze le fenouil, le poivre et le zeste de citron.
Mixez la moitié des cerises à l'aide d'un mixer blender ou d'un mixer plongeant.
Préchauffez le four à 150 °C.
Versez dans une cocotte en fonte toute la marinade avec les cerises entières et la boule à thé, ainsi que les cerises mixées.
Couvrez et laissez cuire au four pendant 2 heures, en remuant de temps en temps.
En fin de cuisson, ajoutez les lardons et réservez.

Cuisson des pigeonneaux

Préchauffez le four à 180 °C.
Dans une cocotte en fonte, faites chauffer l'huile.
Posez les pigeonneaux et faites-les dorer sur toutes les faces, à feu vif. Assaisonnez.
Ajoutez les gousses d'ail et le thym.
Mettez au four pendant 25 minutes, en arrosant souvent les pigeonneaux.

Préparation des foies

Dans une poêle, à feu vif, faites sauter les foies dans 20 g de beurre chaud.
Écrasez-les avec le reste du beurre, assaisonnez-les et tartinez-en des tranches de baguettes grillées.

Finition et présentation

Enlevez la ficelle des pigeonneaux et coupez-les.
Déposez-les sur les assiettes avec les gousses d'ail confites.
Posez les tartines de foie sur le côté. Nappez de marmelade.
Servez accompagné de pommes de terre sautées et d'une salade de cresson.

« *Les pigeonneaux se conservent 2 jours au frais enveloppés dans un torchon. Si vous les congelez, remplisse l'intérieur de papier d'aluminium, puis placez les dans un sac spécial congélation.* » Sophie

Légumes

Petits farcis

Légumes d'hiver en cocotte

Légumes et fruits d'automne en gratin

Tourte pasqualine aux légumes

Mille-feuille croustillant de pommes de terre

Légumes au wok

Gnocchi de pomme de terre et cèpes

Gratin boulangère

Risotto aux courgettes et parmesan

Risotto aux tomates confites

Pâtes fraîches au pistou

Pâtes façon moulinier

Polenta moelleuse aux olives

Fricassée d'asperges vertes

Pommes boulangère

Céleri-rave aux échalotes

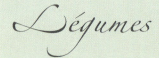

pour 6 personnes

Pour les légumes
6 petites aubergines
6 courgettes rondes de 50 g pièce
6 tomates grappes de 50 g pièce
6 petits poivrons rouges
6 pommes de terre nouvelles
de 60 g pièce
3 gousses d'ail en chemise écrasées
2 branches de thym
12 c. à s. d'huile d'olive
40 g de beurre
40 cl de fond de volaille
fleur de sel

Pour la farce
150 g de jambon à l'os
3 filets de poulet
450 g de gigot d'agneau
2 c. à s. de concentré de tomates
150 g de champignons de Paris
3 échalotes
2 gousses d'ail
20 g de beurre
2 c. à s. de basilic ciselé
sel, poivre du moulin

« *Les petits farcis peuvent aussi bien être mangés chauds que tièdes (c'est là qu'ils sont les meilleurs). Vous pouvez remplacer la farce de viande par de la farce de légumes. Vous pouvez également mettre autour des petits farcis quelques poignées de riz blanchi. Ce dernier absorbera le jus des légumes et accompagnera parfaitement ceux-ci.* » Sophie

Les aubergines
Préchauffez le four à 160 °C.
Coupez le dessus des aubergines sur toute leur longueur. Évidez-les à l'aide d'une petite cuillère.
Dans un plat à gratin, déposez 6 cuillerées à soupe d'huile d'olive, l'ail, le thym et 2 pincées de fleur de sel. Déposez dessus les aubergines, contre le plat.
Faites cuire au four pendant 20 minutes. Réservez.

Les courgettes
Faites une petite assise à la base des courgettes afin qu'elles tiennent debout.
Coupez la partie supérieure de chaque courgette afin d'obtenir des chapeaux.
Plongez-les avec les chapeaux pendant 10 minutes dans de l'eau bouillante salée.
Égouttez-les et passez-les sous l'eau froide pour les rafraîchir.
Évidez les coques à l'aide d'une petite cuillère.

Les tomates
Coupez la partie supérieure de chaque tomate afin d'obtenir des chapeaux.
Évidez-les à l'aide d'une petite cuillère en laissant 1 cm d'épaisseur tout autour.
Parsemez chaque tomate d'une pincée de sel puis retournez-les sur une grille et laissez-les dégorger 30 minutes.

Les poivrons
Coupez les poivrons en deux et épépinez-les.

Les pommes de terre
Coupez la partie supérieure de chaque pomme de terre afin d'obtenir des chapeaux.
Creusez-les délicatement à l'aide d'une petite cuillère.

Préparation de la farce
Retirez la partie terreuse du pied des champignons.
Passez-les sous l'eau froide et hachez-les finement.
Épluchez et ciselez finement les échalotes. Épluchez les gousses d'ail et retirez le germe.
À l'aide d'un robot-coupe ou d'un hachoir, hachez toutes les viandes.
Dans une sauteuse, faites fondre 20 g de beurre.
Ajoutez les échalotes, l'ail et les champignons.
Laissez mijoter à feu moyen jusqu'à ce que l'eau des champignons soit évaporée.
Dans un saladier, mélangez la viande hachée, les champignons, le concentré de tomates, le basilic et toute la chair des légumes coupée en petits morceaux. Assaisonnez bien.

Finition et présentation
Préchauffez le four à chaleur tournante à 120 °C.
À l'aide d'une petite cuillère, remplissez délicatement l'intérieur des légumes avec la farce. Rangez-les dans un plat à gratin beurré et recouvrez-les de leur chapeau.
Ajoutez une noisette de beurre sur chacun d'eux et arrosez de 3 cuillerées à soupe d'huile d'olive.
Ajoutez le fond de volaille et couvrez le plat de papier aluminium.
Mettez au four pendant 50 minutes en arrosant les légumes toutes les 10 minutes.
Posez les petits farcis sur les assiettes.
Arrosez-les d'un filet d'huile et de jus de cuisson. Parsemez de fleur de sel et servez aussitôt.

Légumes

6 asperges vertes
1/2 chou vert frisé
6 navets fanes
6 carottes fanes
6 fonds d'artichauts en conserve ou surgelés
6 cèpes ou champignons de Paris
6 petits oignons blancs nouveaux
6 pommes de terres nouvelles
300 g de salsifis en boite ou surgelés
1 boîte de châtaignes ou marrons au naturel
2 poires
10 gousses d'ail en chemise
120 g de beurre
15 cl d'huile d'olive
150 g de lardons fumés
10 cl de bouillon de volaille
sel, poivre du moulin

Légumes d'hiver en cocotte

pour 6 personnes

Préparation des légumes

Epluchez les carottes et les navets en conservant un peu de fanes.
Enlevez les côtes des feuilles de chou.
Plongez-les 30 secondes dans de l'eau bouillante.
Egouttez-les et coupez-les grossièrement.
Epluchez les asperges à l'aide d'un couteau économe.
Epluchez les pommes de terre et les petits oignons.
Retirez le bout terreux des cèpes puis brossez-les sous l'eau froide et essuyez-les.
Coupez les en deux.

Cuisson des légumes

Epluchez, épépinez et coupez les poires en quatre.
Faites-les dorer dans 20 g de beurre.
Dans une casserole, mettez les gousses d'ail avec 12 cl d'huile et faites-les confire à feu doux pendant 20mn. Egouttez-les.
Dans une cocotte faites fondre 50 g de beurre à feu doux avec 3 cuillerées à soupe d'huile d'olive et mettez tous les légumes. Assaisonnez.
Faites-les cuire doucement en les remuant de temps en temps.
Retirez les légumes au fur et à mesure de leur cuisson. Réservez-les.
Dans la même cocotte, faites fondre le beurre restant à feu moyen.
Faites revenir les châtaignes et les lardons pendant 5 minutes.
Ajoutez le bouillon de volaille.

Finition

Remettez tous les légumes dans la cocotte ainsi que les poires et les gousses d'ail confites.
Rectifiez l'assaisonnement et mélangez délicatement.
Servez aussitôt.

« *Hors saison, n'hésitez pas à utiliser les légumes surgelés.*
Vous pourrez agrémenter ces légumes de copeaux de pommes et de poires crus disposer au moment de servir. » *Sophie*

Légumes et fruits d'automne en gratin

pour 6 personnes

6 pommes de terre
300 g de chair de potiron
6 fonds d'artichauts en conserve ou surgelés
250 g de champignons (cèpes, girolles ou de Paris)
1 boîte de châtaignes au naturel
2 poires
10 cl de fond de volaille
20 cl de bouillon de poule
4 c. à s. d'huile d'olive
40 g de beurre
1 gousse d'ail épluchée et hachée
sel, poivre du moulin

Les **pommes de terre**

Épluchez les pommes de terre, lavez-les et coupez-les en lamelles.
Dans une poêle, faites-les dorer à feu moyen avec 20 g de beurre et 1 cuillerée à soupe d'huile d'olive chauds.
Salez et réservez.

Le **potiron**

Coupez la chair de potiron en lamelles.
Dans une poêle, faites-les dorer avec 1 cuillerée à soupe d'huile d'olive chaude, à feu moyen.
Ajoutez 5 cl de fond de volaille et laissez cuire 5 minutes. Salez et réservez.

Les **artichauts**

Dans une poêle, faites revenir les fonds d'artichauts avec 1 cuillerée à soupe d'huile d'olive chaude pendant 2 minutes à feu moyen.
Ajoutez 5 cl de fond de volaille et laissez cuire 5 minutes à couvert.
Coupez chaque artichaut en 3 tranches dans l'épaisseur. Salez et réservez.

Les **poires**

Épluchez les poires et épépinez-les. Coupez-les en 8 quartiers.
Faites-les dorer dans une poêle avec 20 g de beurre chaud, à feu moyen, pendant 3 minutes.

Les **champignons**

Retirez le bout terreux des champignons puis brossez-les sous l'eau froide et essuyez-les. Coupez-les en lamelles.
Dans une poêle, faites-les dorer à feu vif avec 1 cuillerée à soupe d'huile d'olive pendant 2 minutes. Ajoutez l'ail. Salez, mélangez et réservez.

Finition

Préchauffez le four à chaleur tournante à 180 °C.
Dans un plat à gratin beurré, étalez par couches successives tous les fruits et légumes.
Versez dessus le bouillon de volaille et mettez au four pendant 30 minutes.
Servez aussitôt.
Ce gratin de légumes peut accompagner toutes vos viandes et volailles.

« Si vous avez du temps, vous pouvez également ajouter à vos légumes des salsifis, des grains de raisin muscat et un pied de blettes. Vous pouvez remplacer les poires par des coings. » Sophie

Tourte pasqualine aux légumes

pour 6 personnes

1 moule à manqué de 26 cm

2 pâtes feuilletées prêtes à dérouler ou 500 g de pâte à huile (voir p. 233)
2 petites courgettes
100 g d'épinards en branches
200 g de petits pois frais ou surgelés
150 g de fèves pelées fraîches ou surgelées
2 fonds d'artichauts en conserve
4 petits oignons blancs nouveaux
2 œufs entiers
50 g de parmesan râpé
6 œufs de caille
9 c. à s. d'huile d'olive
sel, poivre du moulin

Préparation des légumes

Lavez les courgettes et coupez-les finement en lamelles à l'aide d'un couteau économe.
Lavez les épinards et coupez-les en lanières.
Faites cuire les petits pois et les fèves à l'eau bouillante salée.
Épluchez et émincez les petits oignons.
Coupez les fonds d'artichauts en lamelles.
Placez tous les légumes au fur et à mesure dans un saladier.
Mélangez rapidement 2 œufs battus, le parmesan et 6 cuillerées à soupe d'huile d'olive.
Assaisonnez et mélangez avec les légumes.

Montage de la tourte

Préchauffez le four sur chaleur tournante à 180 °C.
Déroulez les 2 pâtes feuilletées.
Étalez la première dans le moule à manqué en conservant le papier en dessous. Cela vous aidera à la démouler.
Répartissez dessus la moitié de la farce.
Cassez-y les œufs de caille à intervalles réguliers, en faisant attention à ne pas les crever.
Complétez avec le reste de la farce.
Recouvrez avec la 2e pâte et soudez les bords en les pinçant avec les doigts.
Avec un pinceau, badigeonnez le dessus avec un peu d'huile d'olive et mettez au four pendant 40 minutes.

Finition

Lorsque la tourte est cuite, servez-la aussitôt accompagnée d'un filet d'huile d'olive.

» *Utilisez tous les légumes de votre choix. Préparez cette tourte à l'avance et laissez-la impérativement refroidir sur une grille puis, au moment de servir, faites-la réchauffer 5 minutes dans le four. Vous pouvez également réaliser des tourtes individuelles avec des cercles à tarte de 10 cm de diamètre et 2 cm de haut.* » Sophie

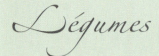

Légumes

6 cercles à entremets de 8 cm de diamètre sur 4,5 cm de haut

4 très grosses pommes de terre bintje
12 cœurs d'artichauts en conserve ou surgelés
500 g de fèves pelées fraîches ou surgelées
48 tomates confites
5 cl de vinaigre de xérès
15 cl de bouillon de volaille
1 gousse d'ail en chemise
2 c. à s. d'huile d'olive
5 brins de ciboulette coupés en bâtonnets
10 feuilles de basilic ciselé
fleur de sel, poivre du moulin

Pour le beurre clarifié
300 g de beurre

Pour les dentelles de parmesan
200 g de parmesan frais râpé
20 g de farine type 45

Mille-feuille croustillant de pommes de terre

pour 6 personnes

Réalisation du beurre clarifié

Dans une casserole placée au bain-marie à feu doux ou au four à micro-ondes, faites fondre le beurre. Écumez la surface en veillant à ne pas remuer le beurre.
Videz le liquide jaune dans un bol et jetez le sédiment laiteux.
Réservez le beurre clarifié.

Préparation et cuisson des pommes de terre

Épluchez les pommes de terre et coupez-les en rondelles fines. Gardez les plus grandes.
Plongez les rondelles dans de l'eau froide pendant 10 minutes afin de retirer l'amidon.
Égouttez-les et essuyez-les entre 2 torchons.
Dans une sauteuse, plongez quelques rondelles de pomme de terre dans le beurre clarifié chaud.
Dès qu'elles sont dorées, sortez-les à l'aide d'une écumoire et posez-les sur du papier absorbant. Réservez au chaud.
Renouvelez l'opération pour toutes les rondelles de pomme de terre.

Pour la garniture

Faites cuire les fèves dans l'eau bouillante salée. Égouttez-les.
Dans une sauteuse, faites chauffer l'huile avec la gousse d'ail.
Ajoutez les artichauts coupés en lamelles et faites-les blondir à feu moyen.
Retirez l'ail.
Ajoutez le vinaigre. Laissez-le réduire à sec et versez le bouillon de volaille.
Laissez mijoter encore 5 minutes à feu doux.
Ajoutez les tomates confites coupées en lanières, les fèves et les herbes. Rectifiez l'assaisonnement.

Réalisation des dentelles de parmesan

Dans un bol, mélangez le parmesan avec la farine.
Faites chauffer à feu moyen une poêle antiadhésive et poudrez le fond d'une fine pellicule de ce mélange, en dessinant un disque de 10 cm de diamètre.
Lorsque le fromage est fondu et coloré, décollez-le délicatement à l'aide d'une spatule et réservez-le à plat. Renouvelez l'opération 5 fois.

Finition et présentation

Déposez une tranche de pomme de terre sur chaque assiette dans les cercles.
Répartissez dessus un peu de garniture puis renouvelez l'opération jusqu'à la troisième tranche de pomme de terre. Surmontez le tout d'une dentelle de parmesan.
Parsemez de fleur de sel et d'un tour de moulin à poivre. Servez aussitôt.

Légumes au wok

pour 6 personnes

4 carottes fanes
3 petites courgettes
1/4 de chou-fleur
6 fonds d'artichauts en conserve ou surgelés
2 branches de céleri
150 g de haricots plats surgelés
1 salade romaine
100 g de vert de blette
80 g de germes de soja
50 g de cive
2 c. à s. d'huile d'olive parfumée à l'ail
5 cl de sauce soja
fleur de sel, poivre du moulin

« Ces légumes accompagnent merveilleusement le thon et le poisson en général. Vous pourrez préparer un mélange de côtes de salades, de ciboulettes thaï, de pousses d'épinards, de côtes d'endives, qui seront jetés dans les légumes au dernier moment afin d'apporter du volume et du croquant à peine tiède. » *Sophie*

Les carottes

Épluchez les carottes. Taillez-les en fines lamelles à l'aide d'un couteau économe.
Mettez-les dans un plat où vous ajouterez ensuite tous les autres légumes.

Les courgettes

Lavez les courgettes. Émincez-les en fines lamelles à l'aide du couteau économe.
Ajoutez-les dans le plat.

Le chou-fleur

Détachez les bouquets de chou-fleur. Divisez par petits bouquets.
Rajoutez dans le plat.

Les fonds d'artichauts

Coupez les fonds d'artichauts en lamelles et réservez-les dans de l'eau froide.

Le céleri

Coupez les branches de céleri en tronçons. Ajoutez-les dans le plat.

Les haricots plats

Faites cuire les haricots dans de l'eau bouillante salée.
Égouttez-les et plongez-les dans de l'eau glacée.
Égouttez-les de nouveau et ajoutez-les dans le plat.

La salade romaine

Lavez la salade. Essorez-la.
Coupez-la en lanières et ajoutez-la aux autres légumes.

Le vert de blette

Lavez et égouttez le vert de blette.
Coupez-le en lanières et ajoutez-le dans le plat.

Finition

Ajoutez la cive émincée et les germes de soja aux autres légumes.
Dans un wok, faites chauffer l'huile à l'ail.
Lorsque l'huile est très chaude, ajoutez tous les légumes en même temps.
Assaisonnez légèrement avec de la fleur de sel et poivrez.
Faites sauter les légumes 2 fois.
Versez la sauce soja et faites-les sauter à nouveau 2 fois.
Rectifiez l'assaisonnement et répartissez les légumes sur des assiettes chaudes.

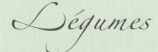

Légumes

2 paquets de 250 g de gnocchi frais

Pour la garniture
500 g de cèpes ou
autres champignons
1 c. à s. de graisse de canard
2 gousses d'ail en chemise écrasées
30 cl de fond de veau
100 g de parmesan frais non râpé
150 g de lardons fumés
30 g de beurre
3 c. à s. de persil plat haché
2 brins de thym
sel, poivre du moulin

Gnocchi de pomme de terre et cèpes

pour 6 personnes

Préparation de la garniture

Retirez la partie terreuse du pied des cèpes puis brossez les champignons sous l'eau froide et essuyez-les.
Coupez les cèpes en deux.
Dans une sauteuse, faites fondre la graisse de canard à feu vif.
Ajoutez-y les cèpes, les lardons, l'ail et le thym.
Faites dorer la préparation pendant environ 5 minutes.
Assaisonnez et mélangez.
Ajoutez le fond de veau et laissez mijoter à feu doux pendant 10 minutes.
Retirez les 2 brindilles de thym et l'ail.
Réservez au chaud.

Cuisson des gnocchi

Dans une casserole, faites frémir de l'eau bouillante salée.
Plongez-y les gnocchi et laissez-les pendant le temps inscrit sur le paquet.
Ils sont cuits lorsqu'ils remontent à la surface.

Finition et présentation

Retirez délicatement les gnocchi à l'aide d'une écumoire et mélangez-les aux champignons.
Ajoutez le beurre en dés.
Rectifiez l'assaisonnement.
Déposez les gnocchi dans des assiettes creuses, parsemez de persil haché et de copeaux de parmesan coupés à l'aide d'un couteau économe.
Servez aussitôt.

« Vous pouvez déposer sur les gnocchi de fines lamelles de cèpes crus. » Sophie

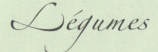
Légumes

Gratin boulangère

pour 6 personnes

3 oignons
1 kg de pommes de terre charlotte
6 tranches de jambon cru
(Serrano ou Jabugo)
40 tomates confites
75 cl de bouillon de poule
80 g de beurre
sel, poivre du moulin

Préparation du gratin

Épluchez les oignons et émincez-les finement.
Dans une sauteuse, faites-les revenir à couvert dans 50 g de beurre fondu, à feu doux, pendant 40 minutes.
Assaisonnez et remuez de temps en temps.
Ajoutez les tranches de jambon coupées en lanières.
Mélangez et réservez.
Épluchez les pommes de terre et coupez-les en rondelles.
Égouttez les tomates confites.

Cuisson du gratin

Préchauffez le four à chaleur tournante à 180 °C.
Dans un plat à gratin beurré, étalez les rondelles de pomme de terre, assaisonnez-les.
Répartissez dessus la préparation aux oignons puis les tomates confites.
Arrosez de bouillon de poule.
Couvrez de papier d'aluminium et mettez au four pendant 45 minutes.
Servez sans attendre.

« *Ce gratin accompagne les viandes rouges.*
Vous pouvez remplacer la moitié du bouillon par de la crème liquide. » Sophie

Légumes

Risotto aux courgettes et parmesan

pour 6 personnes

Pour le risotto
300 g de riz italien arborio ou du riz rond
4 petits oignons blancs nouveaux
60 cl de fond de volaille
60 cl de bouillon de poule
10 cl de vin blanc
100 g de parmesan frais râpé
50 g de beurre demi-sel
4 c. à s. d'huile d'olive
fleur de sel

Pour la garniture
100 g de parmesan frais non râpé
2 petites courgettes
5 feuilles de basilic ciselées

Préparation de la garniture

Lavez et essuyez les courgettes.
À l'aide d'un couteau économe, pelez une courgette.
Coupez les 2 courgettes en dés.

Réalisation du risotto

Dans une casserole, faites chauffer le fond de volaille avec le bouillon de poule.
Épluchez les oignons et émincez-les finement.
Dans une sauteuse, faites chauffer l'huile d'olive.
Ajoutez les oignons et faites suer sans coloration à feu doux, puis ajoutez le riz.
Mélangez et faites revenir le riz pendant environ 2 minutes jusqu'à ce qu'il soit nacré.
Versez le vin blanc et laissez-le s'évaporer complètement.
Mouillez à hauteur avec du fond de volaille et du bouillon de poule chauds.
Renouvelez l'opération lorsque le riz a absorbé tout le liquide.
N'oubliez pas de remuer souvent.
Après 10 minutes de cuisson, ajoutez les dés de courgette.
Après 19 minutes de cuisson, le riz doit être cuit.
Incorporez le beurre, le parmesan râpé et le basilic.
Assaisonnez et servez aussitôt.

Finition

Dressez le risotto au centre des assiettes et parsemez de parmesan coupé en copeaux à l'aide d'un couteau économe.

« *Vous pouvez ajouter en fin de cuisson des champignons sautés (trompettes-de-la-mort, cèpes, morilles...). Si vous utilisez des courgettes fleurs, badigeonnez les fleurs de pâte à beignet puis, faites-les frire et déposez-les sur le risotto.* » *Sophie*

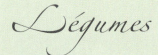

Légumes

Risotto aux tomates confites

pour 6 personnes

Pour le risotto
300 g de riz italien arborio ou du riz rond
1 oignon
60 cl de fond de volaille
60 cl de bouillon de poule
10 cl de vin blanc
100 g de parmesan frais râpé
60 g de beurre demi-sel
4 c. à s. d'huile d'olive
fleur de sel

Pour la garniture
6 tomates en grappes
30 tomates confites
50 g de parmesan frais non râpé
250 g de petites girolles fraîches ou surgelées
1 échalote
1 c. à s. de persil plat ciselé
1 c. à s. d'huile d'olive
10 g de beurre
sel, poivre du moulin

Préparation de la garniture

Équeutez et lavez les tomates en grappes. Coupez-les en quatre.
Mixez-les dans un mixer blender.
Recueillez le jus à travers un chinois ou une passoire fine.
Égouttez les tomates confites.
Nettoyez les girolles.
Dans une poêle, faites revenir les girolles à feu vif, dans l'huile chaude pendant 2 minutes.
Ajoutez le beurre, l'échalote ciselée et le persil.
Assaisonnez, mélangez et réservez.

Réalisation du risotto

Dans une casserole, faites chauffer le fond de volaille avec le bouillon de poule.
Épluchez l'oignon et émincez-le finement.
Dans une sauteuse, faites chauffer l'huile d'olive.
Ajoutez les oignons et faites suer sans coloration à feu doux, puis ajoutez le riz.
Mélangez et faites revenir le riz pendant environ 2 minutes jusqu'à ce qu'il soit nacré.
Versez le vin blanc et laissez-le s'évaporer complètement.
Mouillez à hauteur avec le fond de volaille et le bouillon de poule chauds.
Renouvelez l'opération lorsque le riz a absorbé tout le liquide.
N'oubliez pas de remuer souvent.
Après 10 minutes de cuisson, versez le jus des tomates crues et poursuivez la cuisson.
Après 19 minutes de cuisson, le riz doit être cuit.
Incorporez le beurre, les morceaux de tomates confites (gardez-en pour la décoration) et le parmesan râpé.
Assaisonnez et servez aussitôt.

Finition

Dressez le risotto au centre des assiettes.
Disposez les girolles dessus.
Décorez de tomates confites et de parmesan coupé en copeaux à l'aide d'un couteau économe.

« *Le veau accompagne très bien ce risotto.* » Sophie

*pour **6** personnes*

500 g de tagliatelles fraîches
2 litres de bouillon de volaille

Pour la garniture
2 carottes fanes
6 navets fanes
3 fonds d'artichauts en conserve ou surgelés
6 tomates roma
1 fenouil
60 g de petits pois frais ou surgelés
60 g de fèves pelées fraîches ou surgelées
6 petits oignons blancs
2 petites courgettes
4 c. à s. d'huile d'olive
sel, poivre du moulin

Pour le pistou d'herbes
150 g de fèves pelées surgelées
1 botte de basilic
20 cl d'huile d'olive fruitée
fleur de sel

Préparation de la garniture

Mondez les tomates. Épépinez-les et coupez-les en quartiers.
Nettoyez le fenouil et émincez-le finement.
Pelez les carottes et les navets en conservant un peu de fanes.
Coupez-les en rondelles fines.
Coupez les fonds d'artichauts en lamelles.
Faites cuire les petits pois et les fèves à l'eau bouillante salée.
Épluchez les petits oignons et émincez-les.
Lavez les courgettes et coupez-les en petits morceaux.
Dans une sauteuse, faites sauter tous les légumes, sauf les tomates, dans l'huile d'olive à feu moyen, pendant 10 minutes.
Ajoutez alors les quartiers de tomate et laissez cuire de nouveau 2 minutes.
Les légumes doivent être encore croquants.
Assaisonnez et réservez.

Préparation du pistou

Dans un mixer blender, mettez les fèves cuites avec une pincée de sel, les feuilles de basilic et l'huile d'olive.
Mixez le tout quelques secondes afin d'obtenir une pâte lisse.
Rectifiez l'assaisonnement si cela paraît nécessaire.

Finition et présentation

Dans une casserole, faites cuire les pâtes dans le bouillon de volaille bouillant.
Égouttez-les.
Répartissez les légumes dans les assiettes.
Ajoutez les pâtes, puis nappez de pistou d'herbes.
Parsemez de fleur de sel et servez aussitôt.

« *Choisissez toujours de préférence des petites courgettes. Elles seront plus savoureuses et rendront moins d'eau.* » Sophie

*pour **6** personnes*

500 g de pâtes penne
6 pommes de terre ratte
3 tomates
15 petits oignons nouveaux
1,3 litre de fond de volaille
100 g de parmesan frais
1/2 botte de basilic
2 gousses d'ail épluchées et écrasées
1 c. à s. de beurre demi-sel
4 c. à s. d'huile d'olive
3 c. à s. d'huile d'olive fruitée
sel

Épluchez et lavez les pommes de terre. Coupez-les en rondelles.
Mondez les tomates, coupez-les en quatre et épépinez-les.
Épluchez les oignons et émincez-les.
Effeuillez le basilic.
Gardez 12 belles feuilles ainsi que les queues puis ciselez le reste.
Dans une casserole, faites chauffer le fond de volaille.
Dans une sauteuse, versez les légumes dans 4 cuillerées à soupe d'huile chaude avec les gousses d'ail et les queues de basilic.
Assaisonnez et mélangez.
Ajoutez les penne aux légumes sur feu moyen et mélangez.
Mouillez à hauteur de fond de volaille chaud.
Renouvelez l'opération lorsque les pâtes ont absorbé tout le liquide.
N'oubliez pas de remuer souvent.
Après 10 minutes de cuisson, retirez les queues de basilic et les gousses d'ail.
Ajoutez l'huile d'olive fruitée, le beurre, les feuilles de basilic ciselé et le parmesan râpé.

Finition

Laissez cuire encore 2 minutes en remuant.
Déposez les pâtes dans les assiettes.
Décorez de feuilles de basilic entières. Servez aussitôt.

《 *Avec des coquillettes pour les enfants, ce n'est pas mal non plus !* 》 Sophie

Légumes

Polenta moelleuse aux olives

*pour **6** personnes*

6 cercles à tarte de 10 cm de diamètre et 2 cm de haut

250 g de polenta précuite
1 litre d'eau ou de lait
40 g de beurre
80 g de mascarpone
100 g de parmesan râpé
1 c. à s. d'huile d'olive
fleur de sel, poivre du moulin

Pour la garniture
une trentaine d'olives noires ou vertes
100 g de lardons fumés
10 gousses d'ail confites
(voir p. 233)
40 cl de bouillon de volaille
1 c. à. s. d'huile d'olive
10 g de beurre
2 petites branches de romarin
poivre du moulin

Préparation de la polenta

Faites bouillir l'eau ou le lait dans une casserole. Salez.
Versez la semoule de polenta en pluie avec 1 cuillerée à soupe d'huile d'olive.
Faites-la cuire à feu doux pendant 5 minutes en remuant constamment à l'aide d'une spatule.
À la fin de la cuisson, incorporez le beurre, le mascarpone puis le parmesan râpé. Assaisonnez.
La polenta doit être souple et onctueuse. Réservez.

Préparation de la garniture

Dans une petite casserole d'eau bouillante, faites blanchir les olives pendant 3 minutes. Égouttez-les et rincez-les à l'eau froide.
Dans une cocotte, faites revenir les lardons et les gousses d'ail confites dans 1 cuillerée à soupe d'huile et 10 g de beurre pendant 3 minutes à feu doux.
Ajoutez le bouillon de volaille et le romarin haché.
Laissez réduire le bouillon de moitié puis retirez les gousses d'ail et incorporez les olives. Poivrez.

Finition

Déposez la polenta à l'aide d'une cuillère à soupe dans les cercles posés sur les assiettes.
Faites un creux au centre et mettez-y la garniture.
Décorez de romarin et parsemez de fleur de sel.

« *Vous pouvez remplacer les olives par des champignons sautés. Cette polenta accompagnera toutes les volailles.* » *Sophie*

Légumes

Ingrédients

30 asperges vertes fraîches ou surgelées
500 g de champignons
(de Paris, morilles, cèpes ou girolles)
50 g de parmesan frais râpé
4 échalotes
2 gousses d'ail épluchées et finement hachées
50 cl de fond de volaille
60 g de beurre
fleur de sel, poivre du moulin

Fricassée d'asperges vertes

*pour **6** personnes*

Préparation des asperges

Épluchez les asperges à l'aide d'un couteau économe.
Coupez-les à 15 cm de la pointe.
Plongez les pointes d'asperges dans de l'eau bouillante salée et faites-les cuire pendant 20 minutes.
Égouttez-les et trempez-les dans de l'eau glacée pour stopper la cuisson.
Épongez-les à l'aide de papier absorbant.

Préparation des champignons

Retirez si nécessaire le bout terreux des champignons.
Brossez-les sous l'eau froide et essuyez-les. Coupez-les en deux.
Épluchez les échalotes et émincez-les finement.
Dans une sauteuse, mettez les échalotes dans 10 g de beurre fondu.
Faites-les revenir à feu doux pendant 2 minutes.
Ajoutez l'ail et continuez à faire cuire pendant 2 minutes.
Ajoutez les champignons. Assaisonnez et mélangez.
Versez dessus le fond de volaille, couvrez et laissez cuire à feu doux pendant 15 minutes.
Filtrez le jus au chinois ou dans une passoire fine.
Faites-le réduire sur feu vif jusqu'à ce qu'il épaississe.
Remettez-y les champignons.

Finition et présentation

Dans une sauteuse, faites blondir les pointes d'asperges dans 50 g de beurre fondu, à feu moyen.
Saupoudrez de parmesan. Mélangez.
Disposez les asperges dans les assiettes.
Ajoutez le ragoût de champignons ainsi que le jus réduit.
Servez aussitôt.

« *Ces asperges accompagnent le poisson ou la volaille.*
Achetez de préférence du parmesan frais en morceaux que vous râperez au fur et à mesure de vos besoins. » *Sophie*

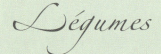
Légumes

Pommes boulangère

pour 6 personnes

18 pommes de terre charlotte
20 cl de bouillon de poule
90 g de beurre
2 gousses d'ail en chemise
fleur de sel

Pour la marmelade d'oignons
12 petits oignons blancs nouveaux
150 g de lardons nature
1 c. à s. d'huile d'olive
5 g de beurre
10 cl de bouillon de poule
sel, poivre du moulin

Cuisson des pommes de terre

Épluchez et lavez à grande eau les pommes de terre. Laissez-les entières.
Séchez-les avec un torchon. Assaisonnez-les de sel.
Dans une sauteuse, faites fondre à feu moyen 80 g de beurre avec les gousses d'ail.
Ajoutez les pommes de terre. Faites-les dorer.
Une fois qu'elles sont bien dorées, ajoutez 10 g de beurre et le bouillon de poule.
Mélangez et laissez-les cuire jusqu'à ce qu'elles soient fondantes.

Réalisation de la marmelade d'oignons

Épluchez les petits oignons. Émincez-les.
Dans une poêle, faites dorer les lardons, à feu moyen, dans l'huile d'olive.
Dégraissez puis ajoutez les petits oignons, le beurre et le bouillon de poule.
Assaisonnez.
Laissez mijoter à feu moyen pendant environ 10 minutes afin d'obtenir une marmelade.

Finition

Déposez les pommes de terre sur chaque assiette et tartinez-les de marmelade d'oignons.

« *Ces pommes de terre accompagnent l'agneau et toutes les viandes rouges. Vous pouvez remplacer les lardons par des champignons.* » Sophie

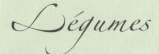

Légumes

1 céleri-rave
80 g de beurre
12 échalotes en chemise
200 g de gros sel
900 g de petites girolles fraîches ou surgelées
80 g de beurre
18 châtaignes au naturel
100 g de lardons nature
10 cl de bouillon de poule
1 c. à s. de persil haché

Céleri-rave aux échalotes

pour 6 personnes

Les échalotes en chemise

Préchauffez le four à chaleur tournante à 120 °C.
Dans une petite cocotte, versez le gros sel.
Disposez dessus les échalotes.
Couvrez et faites-les confire dans le four pendant 2 heures.

Les bâtonnets de céleri

Pelez le céleri. Coupez-le en bâtonnets.
Dans une sauteuse, mettez les bâtonnets de céleri dans 40 g de beurre fondu.
Mélangez, couvrez et laissez blondir à feu doux.

Les girolles

Retirez le bout terreux des girolles.
Lavez-les à grande eau et essuyez-les.

Les châtaignes

Dans une poêle, faites dorer à feu moyen les châtaignes et les lardons dans 20 g de beurre fondu.
Assaisonnez et versez le bouillon de poule. Mélangez et réservez.

Finition

Faites sauter les girolles dans 20 g de beurre à feu vif.
Assaisonnez et parsemez de persil. Ajoutez le céleri, les échalotes et les châtaignes avec les lardons.
Mélangez et servez.

» *Ces légumes accompagnent la côte de bœuf et toutes les viandes rouges. Vous pouvez préparer les échalotes confites en quantité et les conserver dans un bocal, recouvertes d'huile.* » Sophie

Desserts

Tarte sablée aux abricots
Paris-Monaco
Ananas à l'ananas
Banana speed
Macaron fourré au mascarpone
Vacherin aux cerises
Gelée de fruits au sauternes
Mousse au chocolat
Hérisson de chocolat
Notre fraisier
Gaufres
Tartelettes au fromage blanc et aux fraises
Coupe cheesecake
Coque de marrons et de noix
Gâteau de poires aux trois façons
Pommes cuites Tatin
Tian d'oranges
Mini-tartelettes au citron
Glace vanille, caramel, marrons
Sorbet chocolat, Sorbet griotte
Rhubarbe cuite à la vanille
Mini-tartelettes choco-caramel
Crêpes Suzette
Fondant de chocolat au thé

1 emporte-pièce de 10 cm de diamètre
1 poche à douille
1 plaque de cuisson en silicone ou
du papier sulfurisé

1 pâte sablée prête à dérouler ou
1 pâte à sablé breton (voir p. 234)

Pour la garniture
18 abricots
1/2 c. à c. de vanille en poudre
70 g de beurre
100 g de sucre semoule
25 g de pistaches concassées
1/2 litre de glace pistache
1/2 litre de sorbet framboise
1/2 litre de sorbet abricot

Tarte sablée aux abricots

pour 6 personnes

Préparation des **disques de pâte**

Préchauffez le four à chaleur tournante à 180 °C.
Étalez la pâte. Découpez 6 disques à l'aide de l'emporte-pièce.
Déposez-les sur la plaque de cuisson en silicone.
Mettez au four pendant 10 minutes.
Laissez refroidir sur une grille.

Préparation des **abricots**

Coupez les abricots en deux et dénoyautez-les.
Dans une poêle, faites fondre le beurre.
Ajoutez les oreillons d'abricot puis saupoudrez de sucre et de vanille.
Mélangez délicatement.
Laissez compoter à feu doux pendant 3 minutes.
À l'aide d'une écumoire, retirez les abricots de la poêle.
Versez-y 4 cuillerées à soupe d'eau et mélangez afin d'obtenir un jus.
Réservez.

Préparation des **glaces**

Sortez les glaces du congélateur 10 minutes avant de les utiliser.
Prenez un saladier.
Étalez au fond la glace pistache puis par-dessus le sorbet framboise et enfin le sorbet abricot. Vous obtenez ainsi 3 couches.
Remettez le tout au congélateur jusqu'au moment de servir.

Finition et présentation

Sortez du congélateur le saladier contenant les glaces, 10 minutes avant de les utiliser.
Remettez à chauffer les oreillons d'abricot pendant 2 minutes.
Déposez au centre de grandes assiettes rondes et plates les cercles de sablé.
Disposez 6 oreillons d'abricot chauds sur chaque cercle.
À l'aide d'une cuillère à soupe, remplissez de glace une poche à douille cannelée et réalisez sur chaque tarte une belle rosace, façon glace à l'italienne, en la dressant assez haute.
Versez un filet de jus de cuisson des abricots autour de chaque tarte.
Parsemez de pistaches concassées et servez aussitôt.

« *Pour réaliser la rosace de glace, sortez les glaces suffisamment à l'avance afin de pouvoir les travailler plus facilement avec la poche à douille.* » *Sophie*

pour 6 personnes

1 moule à cake de 26 cm
1 plaque de cuisson en silicone ou du papier sulfurisé

1 brioche rectangulaire
1 pot de marmelade d'agrumes ou d'oranges
300 g de crème pâtissière
(voir p. 235)
sucre glace

Pour le crumble

125 g de farine
125 g de beurre froid
125 g de sucre semoule
110 g de poudre d'amandes

Pour le punchage

50 g de sucre semoule
5 cl d'eau
15 cl de jus d'agrumes
(orange, citron, pamplemousse)

Pour la crème au beurre

250 g de beurre mou
5 jaunes d'œufs
100 g de sucre semoule
10 cl d'eau

Préparez la crème pâtissière et laissez-la refroidir.

Préparation du crumble

Préchauffez le four à chaleur tournante à 180 °C.
Dans un saladier, mélangez la farine, le beurre, le sucre et la poudre d'amandes.
Émiettez le tout sur une plaque en silicone et mettez au four pendant 15 minutes.
Laissez refroidir.

Préparation du punchage

Dans une casserole, portez à ébullition l'eau et le sucre.
Laissez refroidir. Ajoutez le jus d'agrumes et mélangez.

Réalisation de la crème au beurre

Dans une casserole, faites fondre le sucre avec l'eau et portez à ébullition jusqu'à l'obtention d'un sirop (la température avec un thermomètre doit être stoppée à 120 °C).
Versez petit à petit ce sirop sur les jaunes d'œufs battus en les fouettant avec un batteur électrique jusqu'à complet refroidissement (un robot ménager est encore mieux pour cette opération).
Incorporez le beurre mou petit à petit, sans cesser de fouetter. Réservez au réfrigérateur.

Montage du Paris-Monaco

Tapissez de film alimentaire le moule à cake (cela n'est pas nécessaire si le moule est en silicone).
À l'aide d'un couteau-scie, coupez la brioche en trois couches horizontales. Badigeonnez chaque tranche de sirop de punchage.
Déposez une tranche de brioche au fond du moule puis une couche de marmelade, la deuxième tranche de brioche puis la crème pâtissière et recouvrez de la troisième tranche de brioche.
Laissez le gâteau au réfrigérateur pendant 30 minutes.

Finition et présentation

Démoulez le gâteau.
Masquez toute la brioche de crème au beurre puis enrobez-la entièrement de crumble. Réservez au réfrigérateur.
Au moment de servir, saupoudrez de sucre glace et servez en tranches épaisses.

Desserts

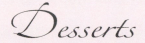

pour **6** *personnes*

6 cercles à entremets de 8 cm de
diamètre et de 4,5 cm de haut
1 thermomètre stylo digital
1 plaque de cuisson en silicone ou
du papier sulfurisé
1 mixer blender ou 1 mixer plongeur

1 pâte sablée prête à dérouler ou
1 pâte à sablé breton (voir p. 234)
20 g de noix de coco râpée

Pour l'ananas rôti
1 ananas ou 2 ananas victoria
75 g de sucre semoule
50 g de beurre
2 c. à s. de rhum brun
10 cl de jus d'ananas

Pour le parfait à la vanille
20 cl de lait entier ou demi-écrémé
130 g de sucre
5 jaunes d'œufs
30 cl de chantilly à la vanille en
bombe ou de crème chantilly maison
(voir p. 234)

Pour le coulis
1 pomme verte
100 g de sucre semoule
10 cl d'eau

Pour la garniture
1 pomme verte
les chutes d'ananas employés dans
la recette
1 litre de sorbet ananas

Ananas à l'ananas

Préparation des **disques de pâte**

Étalez la pâte. Parsemez-la de noix de coco. Découpez 6 disques à l'aide d'un cercle.
Déposez-les sur la plaque de cuisson en silicone.
Mettez au four pendant 10 minutes.
Laissez refroidir sur une grille.

Préparation de **l'ananas rôti**

Épluchez l'ananas et coupez 6 fines tranches.
Coupez chaque tranche à la dimension des cercles.
Dans une poêle, faites rôtir les tranches dans le beurre et le sucre, à feu moyen, jusqu'à ce qu'elles soient caramélisées.
Retirez l'ananas à l'aide d'une écumoire et versez dans la poêle le rhum et le jus d'ananas. Mélangez et réservez.

Réalisation du **parfait à la vanille**

Dans une jatte, mélangez le sucre avec les jaunes d'œufs. Ajoutez le lait. Mélangez.
Faites cuire le tout sur feu moyen, au bain-marie, sans cesser de remuer à l'aide d'un fouet, pendant environ 7 minutes.
Si vous utilisez un thermomètre, vous devez stopper la température à 84 °C.
Refroidissez le mélange à l'aide d'un batteur électrique. Incorporez la chantilly.
Posez les cercles à mousse sur une plaque en silicone. Répartissez le parfait dans chaque cercle sur une épaisseur d'environ 2 cm et mettez au congélateur.

Préparation du **coulis**

Dans une casserole, portez l'eau et le sucre à ébullition.
Épluchez la pomme et coupez-la en morceaux. Mixez-la avec le sirop dans un mixer blender.
Ce coulis se prépare à la dernière minute pour éviter l'oxydation de la pomme.

Finition et présentation

Sortez le sorbet à l'ananas du congélateur.
Coupez la pomme verte et le reste d'ananas en petits dés et mélangez les 2 fruits.
Sortez du congélateur les parfaits à la vanille et démoulez-les.
Sur chaque assiette, déposez au fond d'un cercle (les mêmes que ceux utilisés pour les parfaits) un sablé à la noix de coco puis une tranche d'ananas rôti.
Couvrez d'un rond de parfait à la vanille puis d'une couche de dés de pommes et d'ananas. Terminez par une couche de sorbet à l'ananas.
Versez autour un filet de coulis de pomme verte et un peu de caramel d'ananas rôti.
Retirez les cercles et servez aussitôt.

« *Si vous ne possédez pas de cercles à entremets, réalisez ce dessert dans un moule à charlotte.* » Sophie

Desserts

pour 6 personnes

1 plaque de cuisson en silicone ou du papier sulfurisé

1 litre de glace vanille ou glace vanille maison (voir p. 220)
20 cl de chantilly à la vanille en bombe ou de crème chantilly maison (voir p. 235)

Pour les bananes glacées
18 bananes fressinettes (petites bananes)
150 g de sucre
100 g de beurre
3 c. à s. de rhum brun

Pour les tuiles à la banane
1 banane
30 g de sucre
10 g de farine
30 g de beurre fondu
3 c. à s. de lait entier ou demi-écrémé

Pour la sauce chocolat
200 g de chocolat noir pâtissier, haché
10 cl de crème liquide
20 cl de lait entier ou demi-écrémé
50 g de sucre semoule

Réalisation des tuiles à la banane

Préchauffez le four sur chaleur tournante à 160 °C.
Dans un saladier, écrasez la chair de la banane avec le sucre, la farine, le lait et le beurre fondu. Mélangez.
Étalez très finement la préparation sur la plaque en silicone.
Mettez au four pendant environ 10 minutes jusqu'à coloration des tuiles.

Préparation des bananes

Pelez les bananes.
Dans une poêle, faites rôtir les bananes dans le beurre et le sucre, à feu moyen, jusqu'à ce qu'elles soient caramélisées.
Retirez-les à l'aide d'une écumoire et versez le rhum dans la poêle.
Mélangez et arrosez les bananes avec le jus obtenu.

Réalisation de la sauce chocolat

Dans une casserole, portez à ébullition le lait et la crème avec le sucre.
Versez sur le chocolat. Mélangez jusqu'à ce qu'il soit fondu.

Finition et présentation

Déposez 3 bananes rôties sur chaque assiette.
Décorez d'une rosace de crème chantilly et déposez sur celle-ci une boule de glace à la vanille.
Plantez dans la glace des morceaux de tuile à la banane et présentez la sauce au chocolat à part.
Servez aussitôt.

« *Si vous ne trouvez pas de bananes fressinettes, utilisez des bananes classiques et coupez-les en trois morceaux.* » Sophie

Desserts

Macaron fourré au mascarpone

pour 6 personnes

6 gros macarons au café
1 litre de glace tiramisu ou au café
1 c. à s. de cacao non sucré

Pour la crème mascarpone
125 g de mascarpone
2 œufs
12 cl de crème liquide
50 g de sucre

Préparation de la crème mascarpone

Dans un saladier, fouettez le mascarpone avec les œufs, la crème liquide et le sucre à l'aide d'un batteur jusqu'à ce que la crème soit homogène.

Finition et présentation

Saupoudrez chaque assiette de cacao en poudre.
Séparez les macarons en deux.
Évidez les macarons et émiettez l'intérieur retiré.
Déposez 2 coques de macaron sur chaque assiette.
Soudez-les entre elles avec une quenelle de crème mascarpone et quelques miettes de macaron.
À côté du macaron reconstitué, posez une boule de glace tiramisu sur un lit de miettes restantes.
Servez aussitôt.

« *Vous pouvez utiliser les macarons et la glace du parfum de votre choix.* » Sophie

Desserts

pour 6 personnes

6 cercles à mousse de 8 cm
de diamètre et de 4,5 cm de haut

1 litre de glace vanille (voir p. 220)
1 litre de sorbet griotte (voir p. 222)
2 meringues achetées
chez le pâtissier ou
meringues maison (voir p. 234)

Pour le confit de griottes
500 g de griottes fraîches ou
surgelées dénoyautées
100 g de sucre gélifiant à confiture
6 belles cerises pour la décoration

Préparation du confit de griottes

Dans une sauteuse, faites cuire les griottes avec le sucre à feu moyen pendant environ 7 minutes, jusqu'à ce que les fruits soient en compote.
En fin de cuisson, égouttez les cerises et gardez le jus pour la garniture.
Si le jus est trop liquide, faites-le réduire sur feu moyen jusqu'à ce qu'il épaississe.

Préparation de la glace et du sorbet

Dans un saladier, étalez une couche de glace à la vanille puis une couche de sorbet cerise.
Réservez au congélateur.
Sortez le saladier 15 minutes avant d'utiliser les glaces.

Montage et présentation

Concassez les meringues et répartissez-les dans le fond des cercles.
Au-dessus, répartissez les cerises puis finissez de remplir les cercles avec de la glace, à l'aide d'une cuillère à soupe.
Démoulez et décorez chaque vacherin d'une cerise.
Versez le jus de griottes réduit autour.
Servez aussitôt.

*« Vous pouvez présenter sur l'assiette, avec le vacherin, un petit pot de chantilly.
Vous pouvez remplacer les meringues par des biscuits de Reims. » Sophie*

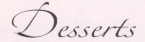

Gelée de fruits au sauternes

pour 6 personnes

1 moule à cake de 26 cm

Pour la gelée de sauternes
20 cl de sauternes ou de muscat
40 g de sucre en morceaux
1 orange
1 feuille de gélatine

Pour la mousse au citron vert
200 g de sucre semoule
20 cl d'eau
2 feuilles de gélatine
10 cl de jus de citron vert ou jaune
10 cl de chantilly en bombe ou de crème chantilly maison (voir p. 235)

Pour le cake au citron
3 œufs
175 g de sucre semoule
7 cl de crème épaisse
130 g de farine avec poudre levante incorporée (ou 130 g de farine + 1 c. à c. de levure chimique)
50 g de beurre mou
le zeste râpé de 2 citrons verts

Pour la garniture
assortiment de fruits frais

Préparation de la gelée

Faites tremper la feuille de gélatine dans un bol d'eau froide.
Frottez les morceaux de sucre sur l'orange pour imprégner ceux-ci de l'essence du zeste.
Dans une casserole, plongez les morceaux de sucre dans le sauternes et faites chauffer le tout jusqu'au frémissement. Évitez l'ébullition.
Hors du feu, incorporez la feuille de gélatine essorée.
Mélangez et laissez refroidir.
Coupez les fruits de votre choix en petits morceaux et répartissez-les dans 6 verres.
Versez la gelée à hauteur et mettez au réfrigérateur.

Préparation de la mousse au citron

Faites tremper les feuilles de gélatine dans un bol d'eau froide.
Dans une casserole, portez à ébullition l'eau et le sucre. Laissez tiédir.
Hors du feu, ajoutez les feuilles de gélatine essorées. Mélangez et laissez refroidir.
Versez le jus de citron dans ce sirop et incorporez la chantilly.
Remplissez 6 petits ramequins de mousse et laissez prendre au réfrigérateur.

Réalisation du cake

Préchauffez le four à chaleur tournante à 180 °C.
Dans un saladier, battez les œufs avec le sucre, la crème, la farine, le beurre et le zeste des citrons.
Versez le tout dans le moule à cake beurré et fariné. Si vous utilisez un moule en silicone, ne le graissez pas.
Faites cuire au four pendant environ 35 minutes.

Présentation

Déposez un petit ramequin de mousse et un verre de fruits sur chaque assiette.
Présentez une tranche de cake au citron tiède à côté, dans une serviette.

« *Vous pouvez préparer votre cake 3 jours à l'avance. Enveloppez-le dans du papier aluminium et conservez-le à température ambiante.*
Au moment de servir, passez les tranches 30 secondes au four à micro-ondes. » Sophie

Desserts

pour 6 personnes

Pour la mousse
300 g de chocolat noir pâtissier
8 œufs
150 g de sucre semoule
8 cl de crème liquide

Pour la sauce chocolat
12 cl de lait entier ou demi-écrémé
6 cl de crème liquide
100 g de chocolat noir pâtissier, haché
30 g de sucre semoule
1 c. à c. de cacao non sucré

Pour la coque chocolat
100 g de chocolat noir pâtissier

Pour la décoration
copeaux de chocolat

Réalisation de la coque chocolat

Prenez un petit bol en verre ou en plastique
Retournez-le et recouvrez l'extérieur de film alimentaire.
Faites fondre le chocolat dans un bol, au bain-marie.
À l'aide d'un pinceau, badigeonnez généreusement le film de chocolat.
Laissez durcir 10 minutes au congélateur.
Badigeonnez à nouveau et laissez durcir complètement.
Démoulez délicatement en décollant le film et réservez au frais.

Préparation de la mousse

Dans un bol, faites fondre le chocolat avec la crème, 1 min 30 à la puissance maximum au four à micro-ondes.
Mélangez et laissez tiédir.
Cassez les œufs en séparant les blancs des jaunes.
Battez les jaunes avec 100 g de sucre.
Montez les blancs en neige ferme en ajoutant à la fin le sucre restant.
Incorporez les blancs au mélange jaune-sucre puis au chocolat.

Réalisation de la sauce chocolat

Dans une casserole, portez à ébullition le lait, la crème et le sucre.
Hors du feu, incorporez le chocolat et le cacao.

Finition et présentation

Versez la mousse dans un saladier.
Creusez un trou au milieu et déposez-y la coque chocolat.
Mettez au réfrigérateur.
Au moment de servir, décorez le dessus de la mousse des copeaux de chocolat et remplissez la coque de sauce légèrement tiédie au four à micro-ondes.

« N'hésitez pas à faire une coque en chocolat épaisse. Cela évitera de la casser en la démoulant. » Sophie

Desserts

*pour **6** personnes*

6 coques d'avocat

Pour la mousse au chocolat

25 cl de lait entier ou demi-écrémé
4 jaunes d'œufs + 2 blancs
50 g de sucre
120 g de chocolat noir pâtissier, haché
100 g de beurre
60 g de cacao non sucré
10 cl de chantilly en bombe ou de crème chantilly maison (voir p. 235)

Pour la garniture

1 sachet de 90 g de nougatine
125 g d'amandes effilées

Pour la sauce chocolat

25 cl d'eau
100 g de cacao non sucré
75 g de sucre semoule
10 cl de crème épaisse

Pour la glaçage au chocolat

10 cl d'eau
70 g de sucre
30 g de cacao non sucré
15 cl de crème liquide
100 g de chocolat noir pâtissier, haché

Hérisson de chocolat

Réalisation de la mousse au chocolat

Dans un saladier, mettez le chocolat, le beurre et le cacao.
Dans un autre saladier, battez les jaunes d'œufs.
Dans une casserole, portez le lait à ébullition et versez-le petit à petit sur les jaunes en remuant.
Reversez le tout dans la casserole, faites cuire à feu moyen, sans cesser de remuer avec une cuillère en bois, pendant environ 2 minutes jusqu'à épaississement sans laisser bouillir.
Fouettez la crème avec le mélange au chocolat. Laissez tiédir.
Montez les blancs d'œufs en neige ferme en ajoutant le sucre petit à petit.
Incorporez les blancs délicatement à la préparation au chocolat puis ajoutez la chantilly.

Montage des hérissons

Tapissez les coques d'avocat de film alimentaire.
Emplissez-les de mousse au chocolat jusqu'à mi hauteur.
Parsemez de nougatine.
Recouvrez de mousse au chocolat au ras des coques et laissez au congélateur au minimun 2 heures.

Préparation des amandes

Faites dorer les amandes effilées dans une poêle, à feu moyen, sans matière grasse. Attention, c'est rapide !
Répartissez-les délicatement sans trop les casser sur une plaque et laissez-les refroidir.

Réalisation de la sauce chocolat

Dans une casserole, portez à ébullition l'eau, le sucre et le cacao.
Ajoutez la crème, mélangez et portez de nouveau à ébullition. Réservez.

Réalisation du glaçage

Dans une casserole, portez l'eau, le sucre et le cacao à ébullition. Ajoutez le chocolat puis la crème. Portez de nouveau le tout à ébullition. Mélangez et réservez.

Montage et présentation

Démoulez les hérissons et posez-les sur une grille.
Nappez-les de glaçage chocolat (s'il a durci, passez-le 15 secondes au four à micro-ondes).
Déposez les hérissons sur les assiettes et piquez-les d'amandes grillées.
Servez avec la sauce chocolat.

« *J'utilise la coque des avocats pour réaliser cette recette.*
Achetez-les bien mûrs, coupez-les en deux, retirez le noyau et, à l'aide d'une cuillère à soupe, enlevez délicatement la chair (utilisez-la dans une salade).
Nettoyez l'intérieur des avocats à l'aide de papier absorbant.
Vous pouvez les emballer dans du film alimentaire et les congeler. » **Sophie**

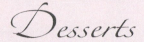

pour 6 personnes

6 verres à whisky
1 plaque de cuisson en silicone ou du papier sulfurisé

1 litre de glace pistache
600 g de crème pâtissière
(voir p. 235)
jus de fraise (voir p. 206)

Pour le biscuit
5 blancs d'œufs (180 g)
3 jaunes d'œufs
150 g de sucre semoule
80 g de farine
80 g de fécule de pomme de terre
1 c. à c. de sucre glace

Pour le punchage du biscuit
5 cl de sirop de fraise
5 cl d'eau tiède

Pour la garniture et décoration
250 g de fraises
assortiment de fruits rouges

Préparez la crème pâtissière et le jus de fraise. Laissez refroidir.

Réalisation du biscuit
Préchauffez le four à chaleur tournante à 200 °C.
Dans un saladier, battez les jaunes d'œufs avec 75 g de sucre jusqu'à ce que le mélange blanchisse.
Incorporez la farine et la fécule.
Montez les blancs d'œufs en neige ferme en ajoutant à la fin le reste du sucre.
Mélangez-les délicatement à la préparation de jaune et de farine.
Étalez le tout sur une plaque en silicone.
Saupoudrez de sucre glace et mettez au four pendant une minute. Réservez.

Finition et préparation
Mélangez le sirop de fraise avec l'eau.
Sortez la glace du congélateur.
À l'aide d'un emporte-pièce du diamètre des verres, découpez 12 ronds de biscuit.
Badigeonnez les biscuits de sirop.
Déposez un rond de biscuit dans chaque verre.
Répartissez dessus la crème pâtissière.
Recouvrez d'un deuxième rond de biscuit et aplatissez légèrement.
Lavez et équeutez les fraises.
Garnissez le pourtour de la paroi du verre d'une couronne de fraises.
Remplissez l'intérieur du verre de glace pistache. Lissez le dessus.
Décorez de fruits trempés dans le jus de fraise.
Servez accompagné d'un petit pot de jus de fraise restant.

« *Ne jetez pas vos blancs d'œufs quand vous ne les utilisez pas, conservez-les dans un bocal hermétique au réfrigérateur jusqu'à 1 mois.* » Sophie

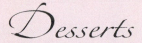

*pour **6** personnes*

1 litre de glace vanille
20 cl de chantilly en bombe ou de crème chantilly maison (voir p. 235)

Pour la pâte à gaufres
250 g de farine
2 sachets de levure chimique
50 g de sucre
80 g de beurre demi-sel
4 œufs
35 cl de lait

Pour la garniture
30 fraises gariguette ou mara des bois
100 g de sucre semoule
sucre glace

Réalisation de la **pâte à gaufres**
Séparez les blancs d'œufs des jaunes.
Faites fondre le beurre avec le lait au micro-ondes puissance maximun pendant 1 minute.
Dans un saladier, mélangez au fouet la farine, la levure, le sucre et les jaunes d'œufs.
Délayez la pâte petit à petit avec le mélange lait-beurre.
Battez les blancs en neige ferme et incorporez-les délicatement à la pâte.
Attention : une fois les blancs incorporés au mélange, la cuisson des gaufres doit être immédiate.

Finition et présentation
Roulez les fraises dans le sucre et disposez-les en pyramide sur un côté des assiettes.
Faites cuire les gaufres au dernier moment dans un gaufrier.
Saupoudrez-les de sucre glace.
Posez-les sur les assiettes.
Accompagnez ces gaufres d'une boule de glace vanille et de chantilly.
Servez aussitôt.

« *Si vous incorporez du lait tiède à la pâte, vous éviterez les grumeaux et vous n'aurez pas besoin de laisser reposer la pâte.* » Sophie

Tartelettes au fromage blanc et aux fraises

pour 6 personnes

6 moules à tartelettes
de 10 cm de diamètre

1 pâte sablée prête à dérouler ou
1 pâte sablée maison (voir p. 234)
1 litre de sorbet au citron
250 g de fraises mara des bois ou
de fraises des bois

Pour l'appareil fromage blanc
250 g de fromage blanc lisse à 40 ou
20 % de matière grasse
1 œuf + 1 jaune
le zeste râpé de 1 citron
50 g de sucre semoule

Pour le jus de fraise
500 g de fraises
100 g de sucre semoule

Réalisation de l'appareil fromage blanc
Dans un saladier, mélangez, à l'aide d'un fouet, le fromage blanc, les œufs, le zeste de citron et le sucre.

Préparation des tartelettes
Préchauffez le four à chaleur tournante à 160 °C.
À l'aide d'un emporte-pièce ou d'un bol, découpez dans la pâte 6 cercles de 12 cm de diamètre. Garnissez-en les 6 moules.
Piquez le fond et les bords de la pâte avec une fourchette et faites cuire la pâte à blanc au four, pendant environ 10 minutes.
Répartissez les fonds de tartelettes aux deux tiers avec le fromage blanc.
Remettez au four à 140 °C et laissez cuire pendant 5 minutes.
Démoulez les tartelettes sur une grille et laissez-les refroidir.

Réalisation du jus de fraise
Lavez et équeutez les fraises.
Dans une casserole, mélangez-les avec le sucre.
Faites-les mijoter à feu doux pendant 20 minutes.
Filtrez le jus à l'aide d'un chinois ou d'une passoire, sans trop écraser les fraises.
Laissez refroidir et réservez au réfrigérateur.

Finition et présentation
Dressez 1 tartelette au milieu de chaque assiette et garnissez de fraises lavées, équeutées et coupées en deux.
Entourez d'un peu de jus de fraise et ajoutez à côté une quenelle de sorbet citron.

« *Vous pouvez remplacer l'appareil fromage blanc par de la crème fouettée en chantilly, parfumée à la vanille. Dans ce cas, ne la faites pas cuire !* » Sophie

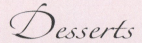

Desserts

pour 6 personnes

1 plaque de cuisson en silicone ou du papier sulfurisé

Pour la glace cheesecake
50 cl de lait entier ou demi-écrémé
10 cl de crème liquide
170 g de sucre semoule
2 jaunes d'œufs
50 g de Saint-Moret® ou de Cream Cheese Philadelphia®

Pour le crumble
100 g de beurre froid
100 g de sucre glace
100 g de farine
70 g de poudre d'amandes

Pour la sauce
50 cl de crème liquide
50 g de sucre semoule
1 c. à c. de vanille en poudre

Pour la compotée de fruits rouges
100 g de framboises
100 g de fraises gariguette
100 g de myrtilles ou de mûres
50 g de sucre semoule
2 feuilles de gélatine

Réalisation de la glace cheesecake

Fouettez les jaunes d'œufs avec le sucre.
Dans une casserole, faites chauffer le lait et la crème jusqu'à l'ébullition puis versez sur le mélange jaunes-sucre.
Versez la préparation dans la casserole et faites chauffer à feu doux (ne faites surtout pas bouillir) sans cesser de remuer avec une cuillère en bois, jusqu'à ce que la mousse de la crème disparaisse.
Retirez la crème du feu et versez-la sur le Saint-Moret.
Mélangez et laissez refroidir.
Mettez en sorbetière et laissez prendre la glace. Réservez au congélateur.

Réalisation du crumble

Préchauffez le four à 180 °C.
Dans un saladier, mélangez le beurre en petits morceaux, le sucre, la farine et la poudre d'amandes.
Émiettez cette pâte sur la plaque en silicone et faites cuire au four pendant 15 minutes. Laissez refroidir.

Préparation de la compotée

Faites tremper les feuilles de gélatine dans un bol d'eau froide.
Lavez et équeutez les fraises.
Dans une sauteuse, faites cuire tous les fruits à feu moyen pendant 3 minutes pour recueillir leur jus.
Filtrez ce jus dans une passoire.
Sucrez les fruits et réservez.
Essorez la gélatine entre vos doigts et incorporez-la au jus chaud.
Versez celui-ci sur les fruits, mélangez et réservez au réfrigérateur.

Préparation de la sauce

Dans une casserole, faites réduire la crème avec le sucre et la vanille jusqu'à consistance sirupeuse. Laissez refroidir.

Montage et présentation

Répartissez la compotée de fruits dans 6 coupes en verre.
Déposez dessus 2 boules de glace cheesecake.
Nappez de sauce vanille et parsemez de crumble. Servez aussitôt.

» *Pour réussir le crumble, n'utilisez pas de beurre mou mais plutôt du beurre froid afin d'obtenir une texture bien sableuse. Vous pouvez remplacer la glace cheesecake par de la glace vanille ou un autre parfum de votre choix.* » *Sophie*

Coque de marrons et de noix

pour 6 personnes

1 litre de glace aux marrons
2 meringues achetées chez le pâtissier
50 g de cerneaux de noix
20 cl de chantilly maison (voir p. 235) ou de chantilly en bombe
6 marrons glacés
2 c. à s. de Drambuie
2 c. à s. de sucre glace

Pour la sauce
100 g de sucre semoule
10 cl d'eau
1 c. à c. de vanille en poudre ou 1 gousse de vanille
1 c. à s. de Drambuie

Émiettez les marrons glacés dans un bol. Versez dessus le Drambuie.
Émiettez les meringues et les noix dans un saladier.
Façonnez 6 grosses boules de glace aux marrons et mettez-les au congélateur.

Préparation de la sauce

Dans une casserole, portez à ébullition l'eau, le sucre et la vanille.
Laissez refroidir.
Incorporez le Drambuie et réservez au réfrigérateur.

Montage et présentation

Sortez les boules de glace du congélateur et enrobez-les de crème chantilly.
Mélangez la meringue et les noix avec les marrons glacés puis panez les boules avec cette préparation.
Déposez les coques aux marrons au milieu des assiettes.
Saupoudrez de sucre glace et entourez d'un filet de sauce.

« *Le Drambuie est une liqueur écossaise à base de scotch et d'herbes aromatisée au miel de bruyère. Vous le trouverez chez votre caviste.* » *Sophie*

Desserts

Gâteau de poires aux trois façons

pour 6 personnes

6 plats à oreilles ou 6 ramequins

1 litre de glace vanille

Pour le clafoutis de poires
100 g de beurre fondu
100 g de sucre glace
100 g de poudre d'amandes
10 g de Maïzena
150 g de crème pâtissière
(voir p. 235)
2 poires

Pour le granité de poire (facultatif)
20 cl d'eau
150 g de sucre semoule
75 cl de poiré de Normandie

Pour le milk-shake
2 boules de glace vanille
20 cl de lait entier ou frais
5 glaçons

Pour les poires confites
3 poires
100 g de sucre semoule
2 c. à s. d'eau
le jus de 1/2 citron

Préparation du clafoutis

Faites la crème pâtissière.
Préchauffez le four à chaleur tournante à 180 °C.
Dans un saladier, mélangez le beurre fondu avec le sucre, la poudre d'amandes et la Maïzena.
Ajoutez la crème pâtissière et mélangez.
Épluchez les poires et coupez-les en petits morceaux.
Beurrez 6 plats à oreilles ou 6 ramequins.
Répartissez les poires dans les plats et versez la pâte dessus.
Mettez au four pendant 20 minutes. Laissez refroidir.

Réalisation du granité (à faire la veille)

Dans une casserole, portez à ébullition l'eau et le sucre.
Laissez refroidir. Ajoutez le poiré et mettez au congélateur.
Grattez toutes les 30 minutes avec une fourchette pour obtenir des paillettes.

Préparation des poires confites

Pelez les poires, coupez-les en deux et retirez le cœur.
Dans une sauteuse, versez le sucre avec l'eau. Mettez sur feu vif.
Dès que le sucre caramélise, retirez du feu et ajoutez le jus de citron.
Rangez les demi-poires dans la sauteuse et arrosez-les de caramel.
Couvrez et laissez confire à feu doux en arrosant régulièrement les poires pendant 15 minutes.
Réservez.

Réalisation du milk-shake

Au moment de servir, mixez tous les ingrédients dans un mixer blender pendant quelques secondes jusqu'à ce que le mélange soit mousseux.

Finition et dressage

Sur une grande assiette, répartissez harmonieusement l'ensemble des préparations.

Desserts

Pommes cuites Tatin

pour 6 personnes

6 cercles à entremets de 8 cm de diamètre et de 4,5 cm de haut
1 plaque de cuisson en silicone ou du papier sulfurisé

1 pâte sablée prête à dérouler ou
1 pâte à sablé breton (voir p. 234)
1 litre de glace vanille

Pour les pommes Tatin
6 pommes reinette ou pink lady
200 g de sucre semoule
2 c. à s. d'eau
le jus de 1/2 citron

Pour la sauce
les épluchures de pomme
40 g de beurre
20 g de cassonade
20 cl de cidre

Préparation des pommes Tatin

Préchauffez le four sur chaleur tournante à 180 °C.
Lavez les pommes, pelez-les, coupez-les en quatre et épépinez-les.
Réservez les peaux et les cœurs pour la sauce.
Dans une casserole, versez le sucre avec l'eau. Mettez sur feu vif.
Dès que le sucre caramélise, retirez du feu et ajoutez le jus de citron.
Rangez les pommes dans un plat à gratin.
Arrosez-les de caramel et faites-les cuire au four pendant 25 minutes, en les retournant de temps en temps, jusqu'à ce que les pommes soient confites et tendres.
Laissez refroidir et réservez au réfrigérateur.

Réalisation des sablés

Préchauffez le four sur chaleur tournante à 180 °C.
Étalez la pâte et piquez-la à l'aide d'une fourchette.
Découpez 6 disques à l'aide d'un cercle.
Déposez-les sur la plaque de cuisson et mettez-les au four pendant 10 minutes.
Laissez refroidir sur une grille.

Préparation de la sauce

Dans une casserole, faites fondre le beurre et la cassonade.
Ajoutez les peaux et les cœurs des pommes.
Mélangez et laissez caraméliser à feu moyen pendant 5 minutes.
Ajoutez le cidre et laissez réduire pendant 10 minutes à feu doux.
Filtrez la sauce à l'aide d'une passoire ou d'un chinois.

Finition et présentation

Déposez un sablé dans chacun des cercles, sur chaque assiette.
Répartissez dessus les pommes Tatin et terminez par une couche de glace à la vanille.
Lissez le dessus de la glace.
Retirez le cercle et servez accompagné de la sauce.

« *Vous pouvez remplacer les pommes par des poires.* » Sophie

pour 6 personnes

6 cercles à entremets de 8 cm de diamètre et de 4,5 cm de haut
1 plaque en silicone ou
du papier sulfurisé

1 pâte sablée prête à dérouler ou
1 pâte à sablé breton (voir p. 234)
2 c. à s. de confiture d'abricots

Pour le caramel
12 oranges
150 g de sucre semoule

Pour la chantilly
30 cl de crème liquide
20 g (1/2 c. à s.) de marmelade d'oranges

Réalisation des disques de pâte

Préchauffez le four sur chaleur tournante à 180 °C.
Étalez la pâte et piquez-la à l'aide d'une fourchette.
À l'aide d'un cercle, découpez 6 disques dans la pâte.
Posez-les sur une plaque silicone et mettez-les au four pendant 10 minutes.
Laissez refroidir sur une grille.

Préparation du caramel

Pelez les oranges à vif et séparez les quartiers en conservant leur jus.
Préparez un caramel avec le sucre et 2 cuillerées à soupe d'eau.
Ajoutez le jus des oranges et mélangez.
Laissez réduire à feu doux pendant 5 minutes.
Hors du feu, ajoutez les quartiers d'orange, mélangez et laissez macérer 1 heure minimum au réfrigérateur.

Finition et présentation

Montez la crème en chantilly.
Incorporez-y la marmelade d'oranges préalablement fouettée.
Dans une casserole, faites tiédir la confiture d'abricots avec un peu de caramel à l'orange.
Déposez les cercles sur les assiettes.
Posez un sablé au fond de chaque cercle, puis une couche fine de marmelade.
Remplissez les cercles de chantilly aux trois quarts de la hauteur.
Décorez le dessus de quartiers d'orange et nappez de confiture d'abricots.
Versez autour un filet de caramel. Démoulez et servez aussitôt.

Desserts

1 plaque de 15 mini-tartelettes, en silicone

1 pâte sablée prête à dérouler ou
1 pâte sablée maison (voir p. 234)

Pour la crème au citron
15 cl de jus de citron
100 g de beurre
4 œufs entiers
150 g de sucre glace

Mini-tartelettes *au citron*

*pour **6** personnes*

Préparation des fonds de tartelettes

Préchauffez le four sur chaleur tournante à 180 °C.
Étalez la pâte sur 2 mm d'épaisseur.
Garnissez-en les moules à tartelettes.
Piquez le fond à l'aide d'une fourchette.
Mettez au four pendant environ 8 minutes.
Retirez les tartelettes et laissez le four allumé.

Préparation de la crème au citron

Dans une casserole, faites fondre le beurre sur feu doux ou au micro-ondes.
Dans une saladier, battez les œufs avec le sucre.
Incorporez, tout en fouettant, le jus de citron et terminez par le beurre fondu.

Finition et présentation

Répartissez la crème au citron dans les fonds de tartelettes.
Glissez immédiatement les tartelettes dans le four et éteignez celui-ci.
Laissez la crème se figer pendant 5 minutes.
Démoulez les tartelettes sur une grille et laissez-les refroidir.
Vous pouvez décorer les tartelettes de zeste de citron vert râpé.

« *Vous pouvez remplacer le jus de citron par du jus d'orange.* » Sophie

Desserts

pour 6 personnes

Glace vanille, caramel, marrons

vanille

Pour la glace vanille

50 cl de lait entier ou demi-écrémé
5 cl de crème liquide
120 g de sucre semoule
25 g de lait en poudre
4 jaunes d'œufs
25 g de beurre
1 c. à c. de vanille en poudre ou
2 gousses de vanille

Dans une casserole, versez le lait, la crème liquide, le beurre et la vanille.
Portez à ébullition.
Dans un saladier, fouettez les jaunes d'œufs avec le sucre et le lait en poudre.
Arrosez avec le lait bouillant, en fouettant.
Versez de nouveau ce mélange dans la casserole. Chauffez à feu doux (ne faites surtout pas bouillir), sans cesser de remuer avec une cuillère en bois, jusqu'à ce que la mousse de la crème disparaisse.
Retirez la crème du feu et versez-la dans un saladier. Remuez-la de temps en temps jusqu'à ce qu'elle soit froide.
Mettez en sorbetière et laissez prendre en glace.
Réservez au congélateur.

caramel

Pour la glace caramel

50 cl de lait entier ou demi-écrémé
15 cl de crème liquide
150 g de sucre semoule
7 jaunes d'œufs

Mettez le sucre dans une casserole avec 2 cuillerées à soupe d'eau. Faites-le cuire à feu moyen jusqu'à ce qu'il se transforme en caramel sans le remuer.
Pendant ce temps, faites chauffer la crème avec le lait.
Ajoutez petit à petit la crème et le lait chaud sur le caramel sans cesser de fouetter.
Versez peu à peu cette préparation sur les jaunes d'œufs, en fouettant.
Versez de nouveau ce mélange dans la casserole. Chauffez à feu doux (ne faites surtout pas bouillir), sans cesser de remuer avec une cuillère en bois, jusqu'à ce que la mousse de la crème disparaisse.
Retirez la crème du feu et versez-la dans un saladier. Remuez-la de temps en temps jusqu'à ce qu'elle soit froide.
Mettez en sorbetière et laissez prendre en glace.
Réservez au congélateur.

« *Afin de corser votre glace caramel, vous pouvez ajouter à la fin de la cuisson de la crème 3 cuillerées à soupe de caramel liquide.* » *Sophie*

marrons

Pour la glace marrons

50 cl de lait entier ou demi-écrémé
20 cl de crème liquide
50 g de lait en poudre
100 g de sucre semoule
300 g de crème de marrons vanillée
2 c. à s. de Drambuie
(liqueur écossaise)
4 jaunes d'œufs

Dans un saladier, fouettez les jaunes d'œufs avec le sucre et le lait en poudre.
Dans une casserole, faites chauffer le lait et la crème jusqu'à l'ébullition puis versez sur le mélange jaunes-sucre.
Versez de nouveau la préparation dans la casserole. Chauffez à feu doux (ne faites surtout pas bouillir), sans cesser de remuer avec une cuillère en bois, jusqu'à ce que la mousse de la crème disparaisse.
Retirez la crème du feu et incorporez la crème de marrons ainsi que le Drambuie.
Remuez de temps en temps jusqu'au total refroidissement.
Mettez en sorbetière et laissez prendre en glace.
Réservez au congélateur.

« *Vous pouvez ajouter à la préparation 30 g de brisures de marrons glacés.* » *Sophie*

Desserts

Sorbet chocolat

*pour **6** personnes*

50 cl de lait entier ou demi-écrémé
100 g de sucre semoule
100 g de chocolat noir pâtissier
100 g de cacao en poudre non sucré

Hachez le chocolat avec un couteau ou dans un robot.
Dans une casserole, portez le lait et le sucre à ébullition.
Dans un saladier, mélangez le chocolat avec le cacao et incorporez le lait peu à peu, en fouettant énergiquement. Laissez refroidir.
Mettez en sorbetière et laissez prendre en glace.
Réservez le sorbet au congélateur.

Sorbet griotte

500 g de griottes fraîches dénoyautées, en conserve ou surgelées
60 g de sucre semoule
14 cl d'eau

Dans une casserole, portez l'eau et le sucre à ébullition.
Mixez les griottes avec le sirop à l'aide d'un mixer blender.
Laissez refroidir.
Mettez en sorbetière et laissez prendre en glace.
Réservez le sorbet au congélateur.

« *Un sorbet est toujours meilleur quand il est préparé à la dernière minute.* » Sophie

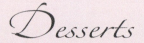

Desserts

pour 6 personnes

1 plaque en silicone ou du papier sulfurisé

Pour la rhubarbe
500 g de rhubarbe
1/2 c. à c. de vanille en poudre ou 1 gousse de vanille
50 cl d'eau
100 g de sucre semoule

Pour la compotée de nectarines
5 nectarines ou pêches
150 g de sucre semoule
30 g de beurre

Pour la garniture
250 g de fraises mara des bois ou gariguette
250 g de framboises
jus de fraise (voir p. 206)

Pour les tuiles
10 cl de jus de fraise
200 g de sucre semoule
60 g de farine
125 g de beurre

Préparation de la rhubarbe

Épluchez la rhubarbe à l'aide d'un couteau économe.
Coupez-la en tronçons égaux de 10 cm de long.
Dans une casserole, portez l'eau à ébullition avec le sucre et la vanille.
Faites-y pocher la rhubarbe sur feu très doux pendant 10 minutes environ.

Préparation de la compotée de nectarines

Épluchez les nectarines et coupez-les en morceaux.
Faites-les revenir dans une sauteuse avec le beurre et le sucre.
Laissez compoter à feu doux pendant 10 minutes.
Laissez refroidir et réservez au réfrigérateur.

Réalisation des tuiles

Préchauffez le four à chaleur tournante à 180 °C.
Faites fondre le beurre.
Dans un saladier, mélangez dans l'ordre, le sucre, la farine, le jus de fraise et le beurre fondu.
Déposez la pâte en petits tas sur la plaque en silicone, étalez-les avec le dos d'une cuillère humide et mettez au four pendant 10 minutes

Finition et présentation

Lavez et équeutez les fraises. Coupez-les en fines tranches.
Faites réduire le jus de fraise jusqu'à ce qu'il devienne sirupeux.
Laissez refroidir puis glacez les fruits rouges avec ce sirop.
Égouttez bien la rhubarbe.
Dressez sur chaque assiette 4 tronçons de rhubarbe, côte à côte.
Nappez ce carré d'une couche de compotée de nectarines.
Garnissez de fruits rouges glacés puis décorez d'une tuile croquante.
Versez un filet de sirop de fraise sur les côtés.

« Vous pouvez congeler la pâte à tuile. » Sophie

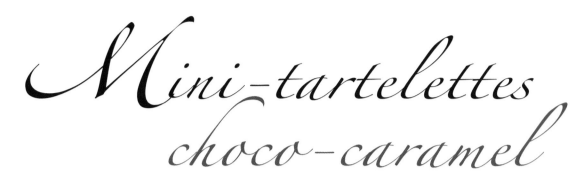

*pour **6** personnes*

1 plaque de 30 mini-tartelettes en silicone

Pâte sucrée au cacao
125 g de farine
75 g de beurre
50 g de sucre semoule
1 œuf entier
5 g de poudre de cacao non sucré

Pour l'appareil au caramel
80 g de sucre semoule
7 cl de crème liquide
25 g de noix concassées
25 g de pignons concassés
25 g de pistaches concassées

Réalisation de la pâte sucrée

Dans un saladier, mélangez la farine avec le beurre, le sucre, l'œuf et le cacao.
Formez une boule.
Enveloppez-la d'un papier film et mettez-la au réfrigérateur au minimum 3 heures.

Préparation des fonds de tartelettes

Préchauffez le four à chaleur tournante à 180 °C.
Étalez la pâte.
Garnissez-en les moules à tartelettes.
Mettez au four pendant environ 8 minutes.

Réalisation du caramel

Dans une casserole, versez le sucre avec 2 c. à. s. d'eau.
Mettez sur feu vif.
Dès que le sucre caramélise, retirez du feu et ajoutez la crème liquide.
Incorporez tous les fruits secs concassés et réservez.

Présentation

Garnissez les fonds de tartelettes avec l'appareil au caramel disposé en forme de dôme.

« Évitez de mettre les tartelettes au réfrigérateur. » Sophie

*pour **6** personnes*

1 crêpière antiadhésive de 26 cm

Pour la pâte à crêpes
50 cl de lait entier ou demi-écrémé
200 g de farine
4 œufs
50 g de beurre demi-sel
20 g de sucre semoule
1 c. à s. d'huile de tournesol
le zeste finement râpé de 1 orange
le zeste finement râpé de 1 citron

Pour le beurre Suzette
17 morceaux de sucre
4-5 oranges
5 cl de Grand Marnier
120 g de beurre
1 filet de jus de citron

Pour la décoration
4 oranges

Réalisation de la pâte à crêpes

Faites fondre le beurre avec le lait au micro-ondes puissance maximun pendant 1 minute.
Dans un saladier, battez les œufs avec le sucre.
Ajoutez la farine et mélangez.
Délayez petit à petit ce mélange en y versant le lait tiède avec le beurre fondu et l'huile.
Ajoutez les zestes des agrumes.
Faites cuire les crêpes.

Préparation du beurre Suzette

Frottez les morceaux de sucre sur la peau des oranges.
Pressez celles-ci pour obtenir 40 cl de jus.
Dans une casserole, faites fondre le sucre dans le jus d'orange et le jus de citron.
Portez à ébullition à feu vif et laissez réduire de moitié.
À l'aide d'un fouet, incorporez le beurre petit à petit, puis parfumez avec le Grand Marnier.

Finition et dressage

Pelez à vif les oranges prévues pour la décoration et détachez les quartiers.
Pliez les crêpes en quatre et faites-les tiédir 20 secondes au four à micro-ondes.
Posez 2 crêpes sur chaque assiette et arrosez-les de beurre Suzette.
Décorez de quartiers d'orange à vif.

« *Une vraie crêpe Suzette ne se flambe pas.* » Sophie

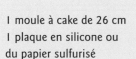

pour 6 personnes

1 moule à cake de 26 cm
1 plaque en silicone ou
du papier sulfurisé

Pour le fondant
125 g de chocolat noir pâtissier
125 g de chocolat au lait
3 jaunes d'œufs
80 g de sucre semoule
30 cl de chantilly en bombe ou de
crème chantilly maison (voir p. 235)

Pour le streusel
115 g de beurre froid
115 g de sucre semoule
200 g de farine
25 g de cacao non sucré
1 c. à s. de feuilles de thé earl grey,
broyées

Pour le sirop de thé
60 g de sucre cassonade
5 cl d'eau
1 c. à s. de feuilles de thé earl grey

Pour la décoration
copeaux de chocolat

Réalisation du fondant

Cassez les chocolats en morceaux.
Faites-les fondre au bain-marie ou au micro-ondes.
Laissez tiédir.
Battez les jaunes d'œufs avec le sucre.
Incorporez-les au chocolat à l'aide d'un fouet puis ajoutez la chantilly.
Tapissez le moule à cake de film alimentaire (ce n'est pas nécessaire si le moule est en silicone).
Versez-y le fondant et mettez au congélateur au minimum 2 heures.

Réalisation du streusel

Préchauffez le four à chaleur tournante à 180 °C.
Dans un saladier, mélangez le beurre, le sucre, la farine, le cacao et le thé.
Émiettez la pâte sur une plaque en silicone et mettez au four pendant 15 minutes.

Réalisation du sirop de thé

Dans une casserole, portez à ébullition la cassonade avec l'eau.
Hors du feu, ajoutez le thé et laissez infuser jusqu'à refroidissement.
Passez au chinois ou dans une passoire fine. Réservez.

Finition et présentation

Une heure avant de servir, démoulez le fondant. Laissez-le à température ambiante.
À l'aide d'un couteau trempé dans de l'eau chaude, coupez 6 tranches de fondant et déposez-les sur les assiettes.
Parsemez les tranches de streusel et versez le sirop de thé autour.
Décorez de copeaux de chocolat.

Les bases

Tomates marinées ou séchées

15 tomates en grappes
6 c. à s. d'huile d'olive
15 feuilles de basilic ciselées
2 gousses d'ail écrasées
3 pincées de sucre
sel, poivre du moulin

Préchauffez le four à chaleur tournante à 90 °C.
Mondez les tomates. Coupez-les en deux et épépinez-les en gardant le cœur des quartiers. Enrobez-les d'huile d'olive, parsemez de basilic, de sucre, d'ail, de poivre et de sel. Rangez-les dans un plat à gratin. Mettez au four et laissez sécher pendant environ 2 heures. Laissez refroidir.

Tomates confites

15 tomates en grappes
6 c. à s. d'huile d'olive
15 feuilles de basilic ciselées
2 gousses d'ail écrasées
3 pincées de sucre
sel, poivre du moulin

Préchauffez le four à chaleur tournante à 80 °C.
Mondez les tomates. Coupez-les en deux et épépinez-les en gardant le cœur des quartiers. Enrobez-les d'huile d'olive, parsemez de basilic, de sucre, d'ail, de poivre et de sel. Rangez-les dans un plat à gratin. Mettez au four et laisser confire pendant environ 3 h 30. Laissez refroidir. Rangez les tomates dans un bocal puis couvrez-les d'huile d'olive et fermez hermétiquement. Laissez-les confire de 7 à 10 jours.
Vous pouvez conserver ces tomates au frais pendant plusieurs semaines avec les herbes de votre choix (origan, thym, basilic...). Ainsi, vous en aurez toujours à votre disposition.

Citrons confits

6 citrons jaunes
6 morceaux de sucre

Retirez le zeste des 6 citrons. Pressez 5 fruits. Coupez les zestes en lanières.
Dans une casserole, mettez le jus des citrons, les zestes et le sucre. Portez à ébullition et faites réduire le tout à feu doux afin d'obtenir une consistance sirupeuse.
Ces zestes se conservent au frais dans un bocal hermétiquement fermé.

Gousses d'ail confites

Dans une cocotte, mettez 30 gousses d'ail non épluchées avec 1 branche de romarin et 2 brins de thym. Couvrez-les d'huile d'olive et laissez-les confire à feu doux pendant 1 h 30. Réservez au frais dans un bocal hermétiquement fermé avec leur huile de cuisson.
Ces gousses d'ail peuvent se conserver plusieurs semaines au réfrigérateur.
Vous en aurez ainsi toujours sous la main.

30 gousses d'ail
1 branche de romarin
2 brins de thym
huile d'olive

Les pâtes

Pâte à foncer

Dans un saladier, mélangez la farine, le beurre et les jaunes d'œufs jusqu'à ce que la pâte soit homogène.
Formez une boule, enveloppez-la dans du film alimentaire et laissez-la au frais au moins 2 heures. Sortez la pâte du réfrigérateur au moins 15 minutes avant de l'étaler, puis farinez votre plan de travail et étalez la pâte au rouleau.

250 g de farine type 45
165 g de beurre demi-sel mou
2 jaunes d'œufs

Pâte à l'huile

Dans un saladier, mélangez la farine, l'œuf et l'huile d'olive puis incorporez l'eau progressivement. Salez. Mélangez afin d'obtenir une pâte homogène.
Formez une boule, enveloppez-la dans du film alimentaire et laissez-la au frais au moins 2 heures. Sortez la pâte du réfrigérateur au moins 15 minutes avant de l'étaler, puis farinez votre plan de travail et étalez la pâte au rouleau.

250 g de farine type 45
3 c. à s. d'huile d'olive
8 cl d'eau froide
1 œuf
sel

Pâte au vin blanc

Mettez la farine dans un saladier et faites un puits au milieu. Versez-y le vin blanc. Salez. Mélangez délicatement en incorporant petit à petit la farine au vin jusqu'à ce que la pâte soit homogène.
Formez une boule, enveloppez-la dans du film alimentaire et laissez-la au frais au moins 2 heures. Sortez la pâte du réfrigérateur au moins 15 minutes avant de l'étaler, puis farinez votre plan de travail et étalez la pâte au rouleau.

250 g de farine type 45
12 cl de vin blanc sec
sel

Pâte à barbajuans

250 g de farine type 45
3 c. à s. d'huile d'olive
7 cl d'eau froide
sel

Dans un saladier, mélangez la farine et l'huile d'olive puis incorporez l'eau progressivement. Salez. Mélangez afin d'obtenir une pâte homogène.
Formez une boule, enveloppez-la dans du film alimentaire et laissez-la au frais au moins 2 heures. Sortez la pâte du réfrigérateur au moins 15 minutes avant de l'étaler, puis farinez votre plan de travail et étalez la pâte au rouleau.

Pâte à sablé breton

80 g de beurre demi-sel mou
170 g de farine avec poudre levante incorporée
(ou 170 g de farine + 1/2 sachet de levure chimique)
2 jaunes d'œufs
70 g de sucre semoule
1/2 c. à c. de vanille en poudre

Dans un saladier, mélangez le beurre avec la farine.
Dans un autre saladier, fouettez énergiquement les jaunes d'œufs, le sucre et la vanille.
Mélangez les deux préparations sans trop les travailler.
Enveloppez la pâte dans un film alimentaire.
Laissez-la reposer pendant au moins 2 heures au réfrigérateur.
Cette pâte est encore meilleure quand elle est réalisée la veille. Elle se congèle très bien.

Pâte sablée

250 g de farine
150 g de beurre
100 g de sucre semoule
1 œuf entier
1/2 c. à c. de vanille en poudre

Dans un saladier, mélangez la farine avec le beurre, le sucre, l'œuf et la vanille.
Formez une boule. Enveloppez-la de film alimentaire et laissez-la reposer au moins 2 heures au réfrigérateur.

Meringues

Préchauffez le four à 120 °C.
Fouettez les blancs d'œufs, sans sel, jusqu'à ce qu'ils soient bien fermes.
Ajoutez le sucre semoule sans cesser de fouetter.
Incorporez le sucre glace en soulevant les blancs avec une spatule.
Versez les blancs dans une poche munie d'une douille cannelée.
Déposez-les sur la plaque du four recouverte d'une plaque en silicone ou d'une feuille de papier sulfurisé. À défaut de poche à douille, utilisez une cuillère à soupe.
Mettez au four et laissez cuire pendant 1 heure 30.
Vous pouvez réaliser des meringues de toutes les formes, de toutes les tailles et de toutes les couleurs avec quelques gouttes de colorants alimentaires.

une plaque en silicone ou
une feuille de papier sulfurisé

200 g de blancs d'œufs (6 œufs)
200 g de sucre semoule
200 g de sucre glace

Crème chantilly

Versez la crème très froide et le sucre dans un saladier très froid également et montez-la rapidement au fouet ou au batteur électrique jusqu'à ce qu'elle double de volume et soit ferme.
Veillez à ne pas trop monter la crème car elle tournerait en beurre.
Ajoutez 1/2 cuillerée à café de vanille en poudre si vous la désirez vanillée.

30 cl de crème liquide très froide
50 g de sucre glace

Crème pâtissière

Dans une casserole, portez à ébullition le lait et la vanille.
Dans un saladier, battez les jaunes d'œufs avec le sucre. Ajoutez la Maïzena et mélangez.
Incorporez le lait petit à petit dans le mélange en remuant et portez de nouveau à ébullition sur feu moyen. Hors du feu, incorporez le beurre et laissez la crème refroidir, en remuant de temps en temps.

50 cl de lait entier ou demi-écrémé
4 jaunes d'œufs
100 g de sucre semoule
80 g de Maïzena
30 g de beurre
1/2 c. à c. de vanille en poudre ou d'extrait de vanille liquide

Lexique

Arroser

En cours de cuisson, verser sur une viande sa graisse, du beurre fondu ou son jus de cuisson pour l'empêcher de sécher.

Assaisonner

Ajouter du sel et du poivre ou les épices mentionnées.

Beurre clarifié

Faire fondre doucement le beurre au bain-marie ou au four à micro-ondes pour séparer les matières non grasses (petit lait). Vous pouvez le préparer en grande quantité : il se garde très bien au réfrigérateur.

Beurre mou ou en pommade

C'est un beurre ramolli et travaillé à la spatule jusqu'à la consistance d'une pommade. Laissez toujours un peu de beurre le matin à température ambiante, il sera alors facile à travailler quand vous en aurez besoin.

Beurre noisette

Dans une casserole, faire fondre le beurre et le laisser cuire jusqu'à une coloration blonde. Cette cuisson renforce le goût noisette du beurre. Veiller à ce qu'il ne noircisse pas.

Blondir

Faire colorer très légèrement un aliment jusqu'à l'obtention d'une couleur blonde.

Chemiser un moule

Recouvrir les parois d'un moule avec de la pâte ou du film alimentaire avant de le remplir.

Ciseler

Hacher les oignons, les échalotes... J'utilise souvent une paire de ciseaux pour ciseler les herbes.

Compoter

Faire cuire doucement et longuement des aliments sur feu doux.

Concasser

Hacher grossièrement (noix, amandes...).

Confire

Faire cuire très longtemps et lentement vos aliments dans de la graisse.

Consistance sirupeuse

Moment où la sauce prend une apparence épaisse semblable à celle d'un sirop.

Cuisson au bain-marie

Cette technique de cuisson est destinée à certaines préparations délicates ne supportant pas le contact direct de la chaleur. Pour les cuissons au four au bain-marie, je mets mes plats directement sur la lèchefrite du four que je remplis d'eau froide.
Pour les cuissons sur le feu, je mets mon bol ou ma jatte (dans un matériau résistant à la chaleur) dans une casserole à demi-remplie d'eau froide.

Darnes

Ce sont des tranches de gros poisson rond (pour une personne : de 2 à 3 cm d'épaisseur).

Débarrasser

Retirer un aliment solide ou liquide d'un récipient pour le mettre sur une grille, une assiette... Il faut alors le couvrir ou le filmer et soit le laisser à température ambiante, soit le mettre au réfrigérateur ou au congélateur

Décortiquer

Enlever la carapace de certains crustacés (crevettes, langoustines...).

Faire dégorger

Laisser les aliments dans de l'eau froide pour les débarrasser des impuretés qu'ils contiennent ou éliminer une partie de l'eau de végétation de certains légumes en les saupoudrant de sel (tomate, concombre...)

Dégraisser

Retirer l'excédent de graisse.

Dénerver

Retirer les parties nerveuses d'une viande, d'un foie gras... Utiliser pour cela un petit couteau pointu.

Dessécher

Mélanger vigoureusement une pâte ou une purée sur le feu jusqu'à évaporation de l'eau.

Dorer

Étaler de la dorure sur des choux, des éclairs, des pâtes diverses à l'aide d'un pinceau pour favoriser leur coloration pendant la cuisson. Préparer cette dorure en battant un jaune d'œuf avec un peu d'eau.

Dresser

Disposer harmonieusement les mets sur les plats ou les assiettes de service.

Ébarber

Ôter les nageoires (de préférence, demandez à votre poissonnier de faire cette opération).

Écailler

Éliminer les écailles des poissons (de préférence, demandez à votre poissonnier de faire cette opération).

Effeuiller

Séparer les feuilles des tiges (basilic, estragon, cresson...). Garder les queues des herbes et les congeler. Elles serviront pour réaliser des bouquets garnis.

Égoutter

Eliminer une partie de l'eau imprégnant un aliment en le passant dans un chinois ou une passoire.

Émincer

Couper en tranches fines et minces les légumes en général.

Escaloper

Tailler une pièce de viande en tranches larges et minces.

Farce

C'est une préparation à base d'aliments hachés, assaisonnés et parfois liés.

Flamber

Verser un alcool chaud sur une préparation et y mettre le feu. Mais il est préférable de mettre l'alcool dans une casserole et de le flamber à l'aide d'une allumette. Attendez qu'il n'y ait plus de flamme avant de le verser dans la préparation.

Frémir

Faire cuire doucement avec de petites bulles qui se forment à la surface du liquide sans que celui-ci atteigne l'ébullition.

Frire

C'est une technique de cuisson qui consiste à immerger un aliment dans un bain d'huile chaude, soit dans une friteuse, soit dans une sauteuse.

Gousses d'ail en chemise

Gousses d'ail entières dans leur peau, non épluchées.

Mandoline

Appareil spécifique un peu comme une râpe pour couper les légumes en tranches fines.

Mariner

La marinade, composée d'un liquide aromatisé, a pour but d'attendrir et de parfumer un aliment.

Mijoter

Cuire à feu doux et régulièrement.

Monder

Plonger les tomates quelques secondes dans de l'eau bouillante puis les plonger dans de l'eau froide. Cela permet d'en ôter facilement la peau.

Napper

Recouvrir uniformément une préparation avec une sauce ou une crème, à l'aide d'une cuillère.

Paner

Avant de cuire un aliment, l'enrober entièrement de chapelure après l'avoir passé dans des œufs battus.

Passer

Passer un aliment au travers d'une passoire ou d'un chinois, pour l'égoutter ou pour éliminer les parties non consommables.

Réduire de moitié

Diminuer la quantité de liquide de moitié par ébullition. Cela se fait généralement sur feu vif, à découvert. Soyez patient, cela prend du temps.

Réduire à sec

Éliminer totalement le liquide par ébullition. Cela se fait généralement sur feu vif, à découvert. Attention, au début la réduction se fait lentement mais à la fin elle se fait très vite. Soyez vigilant ... et restez à côté de la casserole.

Rissoler

Faire dorer l'aliment à feu vif jusqu'à obtenir une couleur marron clair.

Saisir

Démarrer la cuisson d'un aliment à feu vif.

Sauter

Cuire rapidement des petites pièces de viande, de poisson, de légumes dans une sauteuse avec un peu de matière grasse.

Tailler

Équivalent de découper.

Zester

Ôter avec un couteau économe ou un couteau zesteur la partie supérieure de la peau des agrumes. Pour les rubans de zeste, utiliser un couteau économe et pour les lanières, un couteau zesteur.

Index

A

ABRICOT 108
   Tarte sablée aux abricots 184

AGNEAU 150
   Carré aux épices 108
   Souris d'agneau aux agrumes 110

AGRUMES 186
   Souris d'agneau aux agrumes 110

AIL 32, 36, 38, 40, 62, 64, 76, 78, 80, 88, 94, 98, 100, 102, 108, 116, 118, 124, 126, 130, 132, 134, 144, 150, 158, 162, 172, 176
   Gousses d'ail confites 92, 96, 130, 174, 233
   Crème d'ail 28
   Pigeonneau rôti à l'ail 146

AMANDE 40, 92, 108, 124, 200

Ananas à l'ananas 188

ANCHOIS 94
   Tarte fine aux anchois 104

ARMAGNAC 48

ARTICHAUT 56, 82, 152, 154, 156, 158, 170

ASPERGE 82, 96, 102, 152, 176
   Écrevisses aux asperges 102
   Fine crème d'asperges 18
   Fricassée d'asperges vertes 176

AUBERGINE 120, 150
   Caviar d'aubergine 94

B

BANANE 190

Banana speed 190

BAR
   Blanc de bar et son beurre d'herbes 92

Barbajuans d'hiver 38

BASILIC 32, 40, 42, 44, 52, 56, 62, 64, 76, 78, 80, 82, 84, 92, 100, 104, 124, 150, 158, 166, 170, 172

BEURRE
   Beurre clarifié 140
   Beurre d'agrumes 62
   Beurre d'herbes 92
   Beurre de corail 64
   Beurre Suzette 228

BISCUIT 202

Blanc de bar et son beurre d'herbes 92

Blancs de poulet en pojarski 142

BLETTE 160

BŒUF
   Côte du Charolais 118
   Entrecôte frites 116
   Filet et sa sauce bordelaise 112
   Joues en miroton 114

BOUDIN NOIR 120

Bouillon de châtaignes 14

BRIOCHE 186

BROCOLI
    Crème de brocoli en cappuccino 20

BROUSSE 18

Cabillaud demi-sel meunière 90

CAILLÉ DE BREBIS 18

Cake au citron 196

CALVADOS 120

CANARD
    Foie gras frais aux pommes 140
    Magret à l'orange 138
    Terrine de foie gras 48

CÂPRE 86, 96, 108, 130

CARAMEL 216, 226
    Mini-tartelettes choco-caramel 226

CAROTTE FANE 82, 152, 160, 170

Carpaccio de langoustines 84

Carré d'agneau aux épices 108

Carré de porc rôti aux boudins noirs 120

CAVIAR d'aubergines 94

CÉLERI EN BRANCHES 56, 160

Céleri-rave aux échalotes 180

CÈPE 30, 128, 152, 154, 176
    Gnocchi de pomme de terre et cèpes 162

CERFEUIL 58, 88

CERISE 146, 222
    Vacherin aux cerises 194

CHAMPIGNON DE PARIS 30, 66, 72, 92, 102, 150, 152, 154, 176
    Champignons en omelette 30

CHANTILLY (voir crème)

CHÂTAIGNE 152, 154, 180
    Bouillon de châtaignes 14

CHÈVRE FRAIS 18

CHOCOLAT 190, 198
    Fondant de chocolat au thé 230
    Hérisson de chocolat 200
    Mini-tartelettes choco-caramel 226
    Mousse au chocolat 198
    Sorbet chocolat 222

CHOU VERT 152

CHOU-FLEUR 160

CHUTNEY DE PIGNON 96

CIBOULETTE 58, 72, 84, 114, 158

CITRON 130, 206, 218
    Citrons confits 232
    Marinade au citron 84
    Mini-tartelettes au citron 218

CITRON VERT 196

CIVE 160

Clafoutis de poires 212

COGNAC 14, 46, 100

Colin à la palermitaine 94

Colin au chutney de pignon 96

COMPOTÉE DE FRUITS ROUGES 208

COMPOTÉE DE NECTARINES 224

CONCOMBRE 56

COQUE CHOCOLAT 198

Coques de marrons et de noix 210

COQUILLES SAINT-JACQUES
    Noix de Saint-Jacques en daube 62
    Noix de Saint-Jacques en salade 50

Côte de bœuf du Charolais 118

COULIS DE POMME VERTE 188

Coupe cheesecake 208

COURGETTE 76, 150, 156, 160, 170

Risotto aux courgettes et au parmesan 166
Saint-pierre à la purée de courgettes 76

CRÈME AU BEURRE 186

CRÈME AU CITRON 218

Crème chantilly 234
190, 196, 200, 204, 210, 216, 230

Crème d'ail 28

Crème de brocoli en cappuccino 20

CRÈME DE CHAMPIGNONS 66

Crème de moules de bouchot 22

Crème de potiron 24

Crème mascarpone 192

Crème pâtissière 235
186, 202, 212

Crêpes Suzette 228

CRESSON 96
Velouté de cresson 26

CREVETTES 72, 100

Crevettes grises sautées au beurre demi-sel 98

CRUMBLE 186, 208

Darioles de crevettes 100

DESSERTS 184 à 230

DRAMBUIE 210, 220

ÉCHALOTE 30, 40, 66, 68, 112, 116, 130, 132, 136, 150, 176, 180

Écrevisses aux asperges 102

ENDIVES 62

Entrecôtes frites 116

ENTRÉES 14 à 58

Épaules de lapin fondantes 134

ÉPINARD 26, 50, 80, 96, 130, 156

ESCABÈCHE 44

ESTRAGON 132, 136

FENOUIL 64, 76, 170

FEUILLES DE BRICK 34

FÈVE 56, 156, 158, 170

Filet de bœuf et sa sauce bordelaise 112

Filet de sole tartiné de crevettes 72

Filet de thon à la biscayenne 78

FILET MIGNON DE VEAU 122

Fine crème d'asperges 18

Foie de veau à la florentine 130

FOIE GRAS 34, 58
Terrine de foie gras 48
Foie gras frais aux pommes 140

FOIES DE VOLAILLE 46

Fondant de chocolat au thé 230

FONDUE D'ÉCHALOTES 116

FONDUE D'OIGNONS 108

FRAISE 202, 204, 206, 208, 224

FRAMBOISE 208, 224

Fricassée d'asperges vertes rôties 176

FRITES 116

FROMAGE BLANC 206

FRUITS
Fruits et légumes d'automne en gratin 154

242/243

Gelée de fruits au sauternes 196

FRUITS ROUGES 202

    Compotée de fruits rouges 208

Gâteau de poires aux trois façons 212

Gaufres 204

GÉLATINE 196

Gelée de fruits au sauternes 196

GERME DE SOJA 160

GIGOT D'AGNEAU 150

GIROLLE 30, 92, 102, 154, 168, 176, 180

GLAÇAGE AU CHOCOLAT 200

GLACE CAFÉ 192

Glace caramel 220

Glace marrons 220
210

GLACE PISTACHE 184, 202

GLACE TIRAMISU 192

Glace vanille 220
190, 194, 212, 214

GNOCCHI À LA RICOTTA 20

Gnocchi de pomme de terre et cèpes 162

GNOCCHI DE POMME DE TERRE 88

Gousses d'ail confites 233

GRAISSE DE CANARD 116, 130, 162

GRANITÉ DE POIRES 212

GRATIN DE MACARONI 13

Gratin boulangère 164

GRENADIN
    Médaillon de veau en grenadin 124

GRIOTTE 194, 222

GROS SEL 90, 180

Hamburger de tomate mozzarella 52

HARICOTS COCOS 16, 90

HARICOTS PLATS 160

HERBES 86, 92

Hérisson au chocolat 200

Homard breton Newburg 64

Huîtres panées 86

JAMBON À L'OS 150

JAMBON CRU 32, 78, 92, 122, 164

Jarret de veau caramélisé 126

Joues de bœuf en miroton 114

JUS D'AGRUMES 186

JUS DE FRAISE 202, 206, 224

JUS DE PERSIL 90

JUS DE VEAU 124

JUS VERT 142

L

LAITUE 54, 96

LANGOUSTINE 66, 84
    Langoustines rôties et tartelette aux légumes 82

LAPIN 58, 102
    Épaules de lapin fondantes 134
    Râble de lapin façon rognonnade 136

LARDONS 24, 28, 120, 134, 136, 146, 152, 162, 174, 180

LÉGUMES 150 à 180

Légumes au wok 160

Légumes d'hiver en cocotte 152

Légumes et fruits d'automne en gratin 154

    Petits farcis 150

    Tartelette aux légumes 82

    Tourte pascaline aux légumes 156

Macaron fourré au mascarpone 192

MACARONI

    Gratin de macaroni 132

Magret de canard à l'orange 138

MARINADE AU CITRON 84

MARMELADE D'AGRUMES 186

MARMELADE D'OIGNONS 178

MARMELADE D'ORANGE 186

MARMELADE DE CERISES 146

MARRON

    Glace marrons 220

MARRONS GLACÉS 210

MASCARPONE 174

    Macaron fourré au mascarpone 192

Médaillon de veau en grenadin 124

Méli-mélo de tomates 40

Meringues 235

MESCLUN 52, 56, 58

MIEL 126, 130, 138

MILK-SHAKE 212

Millefeuille croustillant de pomme de terre 158

Mini-tartelettes au citron 218

Mini-tartelettes choco-caramel 226

MOELLE 112

MORILLE 88, 176

    Pavé de saumon aux morilles 68

MOULES

    Crème de moules de bouchot 22

Mousse au chocolat 198

MOUSSE AU CITRON VERT 196

MOUTARDE 132, 136

MOZZARELLA 52

MÛRE 208

MYRTILLE 208

NAVET FANE 82, 152, 170

NOIX 72, 92, 210, 226

NOIX DE COCO 188

Noix de Saint-jacques en daube 62

Noix de Saint-jacques en salade 50

Notre fraisier 202

NOUGATINE 200

ŒUF DE CAILLE 36, 154

Œufs au plat à la basquaise 32

OIGNON 18, 32, 44, 52, 56, 58, 82, 86, 96, 108, 114, 122, 134, 136, 152, 156, 164, 166, 170, 172, 178,

OLIVE 42, 56, 62, 76, 80, 94, 96, 134, 174

244/245

ORANGE 62, 110, 138, 196, 228
   Tian d'oranges 216
ORIGAN 58, 122

PAMPLEMOUSSE 110

PANURE 74, 86, 122, 142

PARFAIT À LA VANILLE 188

Paris-Monaco 186

PARMESAN 20, 38, 40, 54, 80, 134, 156, 162, 166, 168, 172, 174, 176

Pâte à barbajuans 234
   38

PÂTE À CRÊPES 228

Pâte à foncer 233
   82, 104

PÂTE À GAUFRES 204

Pâte à l'huile 233
   36, 156

PÂTE À PIZZA 36

PÂTE À RAVIOLI 58

Pâte à sablé breton 234
   184, 188, 214, 216

Pâte au vin blanc 233, 34

PÂTE BRISÉE 82

PÂTE FEUILLETÉE 82, 104, 156

PÂTE FILO 34

Pâte sablée 234
   184, 206, 214, 216, 226

PÂTES ALIMENTAIRES 132, 170, 172

Pâtes façon moulinier 172

Pâtes fraîches au pistou 170

Pavé de saumon aux morilles 68

Pavé de saumon aux tomates confites 70

PENNE 172

PERSIL 80, 90, 142

Petites tourtes de pommes de terre 36

Petits farcis 150

PETITS POIS 156, 170

Pigeonneau rôti aux gousses d'ail 146

PIGNON 226
   Colin au chutney de pignon 96

PIMIENTOS DEL PIQUILLO 78, 84, 108

PISTACHE 184, 226

PISTOU D'HERBES 170

POIRE 152, 154, 212

POIREAU 36, 38

POISSONS 62 à 104

POITRINE DE PORC 36, 54, 102, 136

POIVRON 32, 150
   Poivrons à l'huile 56

POLENTA 134
   Polenta moelleuse aux olives 174

POMME 120, 140, 188, 214
   Pommes cuites Tatin 214

POMME DE TERRE 50, 68, 96, 150 152, 154, 172
   Frites 116
   Gnocchi de pomme de terre et cèpes 162
   Gratin boulangère 164
   Mille-feuille croustillant de pomme de terre 158
   Petites tourtes de pommes de terre 36
   Pommes boulangère 178

Pommes cuites Tatin 214

POTIMARRON 38

POTIRON 154
  Crème de potiron 24

POUDRE D'AMANDES 74, 208

POULET 150
  Blancs de poulet en pojarski 142
  Poulet en fricassée 144

PUNCHAGE 186

PURÉE D'AUBERGINES 120

PURÉE DE CHAMPIGNONS 30

Q-R

QUATRE-ÉPICES 46, 108, 138

QUEUE DE BŒUF 118

Râble de lapin façon rognonnade 136
RADIS 56, 82

RAISIN 130, 140

RAISINS DE CORINTHE 108

Ravioli de lapin 58

Rhubarbe cuite à la vanille 224

RICOTTA 20, 24

Ris de veau finement pané aux cèpes 128

Risotto aux courgettes et au parmesan 166

Risotto aux tomates confites 168

Rissoles croustillantes de foie gras 34

RIZ 38 166, 168

Rognon de veau de lait en fricassée à la moutarde 132

ROMAINE 160

ROQUETTE 58

Rougets froids à la niçoise 42

S

SAFRAN 22, 78

Saint-pierre à la purée de courgettes 76

Salade niçoise à la monégasque 56

SALSIFIS 152

Saltimbocca de veau 122

Sardines en escabèche 44

Sardines farcies « Riviera » 80

SAUCE AU CIDRE 214

SAUCE AU DRAMBUIE 210

SAUCE BORDELAISE 112

SAUCE CHOCOLAT 190, 198, 200

SAUCE MOUTARDE 136

SAUCE NEWBURG 64

SAUCE TARTARE 86

SAUCE VANILLE 208

SAUCE VILLEROI 86

SAUGE 122, 136

SAUMON
  Pavé de saumon aux tomates confites 70
  Pavé de saumon aux morilles 68

SAUTERNES 196

SIROP DE THÉ 230

Sole de petite bateau façon Riche 66

SOLE
  Filet tartiné de crevettes 72

Solette dite « langue d'avocat » 74

SORBET
Sorbet abricot 184
Sorbet ananas 188
Sorbet au citron 206
Sorbet chocolat 222
Sorbet framboise 184
Sorbet griotte 222, 194

Soupe glacée de haricots blancs 16

Souris d'agneau aux agrumes 110

STREUSEL 230

SUC DE DAUBE 62

Sucrines à la caesar 54

$\mathcal{T}$

TAGLIATELLE 170

TAPENADE 56, 104

TARTARE DE TOMATES 40

Tarte fine aux anchois 104

Tarte sablée aux abricots 184

Tartelettes au fromage blanc et aux fraises 206

TARTELETTE AUX LÉGUMES 82

Terrine de foie gras 48

Terrine de foies de volaille 46

THÉ 230

THON 56
Filet de thon à la biscayenne 78

Tian d'oranges 216

TOMATE 32, 40, 42, 52, 56, 62, 64, 70, 76, 78, 92, 104, 124, 144, 150, 168, 170, 172
Tomates confites 232
40, 50, 70, 78, 80, 82, 90, 114, 122, 134, 158, 164, 168
Tomates aux amandes 40
Tomates gratinées 40

Tomates marinées ou séchées 232
40

Tourte pasqualine aux légumes 156

TUILES 224
Tuiles à la banane 190

Turbot aux morilles 88

$\mathcal{V}\text{-}\mathcal{X}$

Vacherin aux cerises 194

VANILLE 208, 220

RHUBARBE CUITE À LA VANILLE 224

FOIE DE VEAU À LA FLORENTINE 130
Jarret de veau caramélisé 126
Médaillon de veau en grenadin124
Ris de veau finement pané aux cèpes 128
Rognon de veau de lait en fricassée à la moutarde 132
Saltimbocca 122

VELOUTÉ DE CÈPES 128

Velouté de cresson 26

VIANDES 108 à 132

VIENNOISE AUX HERBES 66

VIN BLANC 22, 44, 72, 132, 134, 136, 144, 166, 168

VIN JAUNE 72

VIN ROUGE 62, 112, 116, 118, 138

VOLAILLES 134 à 146

XÉRÈS 46, 64

REMERCIEMENTS

pour les Arts de la table et papier décoration prêtés gracieusement
pour la réalisation des photographies

A.TURPAULT (pages 37, 39, 79, 81, 139, 153, 155, 171, 175)
ALESSI (page 155)
BACCARAT (pages 21, 25, 29, 51, 57, 63, 69, 73, 77, 79, 83, 85, 91, 117, 119, 125, 133, 139, 141, 143, 145, 147, 151, 157, 165, 173, 179, 195, 203, 209, 227, 229)
BERNARDAUD (pages 25, 39, 47, 69, 89, 35, 109, 119, 121, 157, 181, 201, 205, 215)
BODUM (pages 141, 187)
BOUTIQUE SCANDINAVE (pages 33, 41, 43, 49, 71, 73, 81, 85, 145)
CHRISTOFLE (pages 21, 23, 35, 51, 53, 55, 65, 67, 71, 75, 83, 91, 93, 95, 113, 115, 119, 125, 131, 133, 141, 143, 145, 147, 151, 159, 161, 167, 169, 179, 185, 191, 195, 203, 207, 217, 223, 227, 231)
COQUET (pages 17, 37, 43, 49, 65, 97, 99, 111, 129, 131, 137, 147, 159, 161, 179, 191, 193, 211)
FRÉDÉRIQUE DELBOS (pages 75, 143, 165)
DESHOULIÈRES (pages 19, 31, 33, 101, 105, 117, 163, 207)
DESIGNER'S GUILD (pages 19, 31, 43, 47, 49, 57, 63, 71, 73, 75, 79, 81, 83, 91, 93, 95, 109, 111, 113, 117, 119, 121, 125, 129, 133, 137, 147, 151, 165, 173, 185, 189, 199, 203, 221)
LE CREUSET (page 153)
NOBILIS (pages 15, 17, 27, 39, 53, 55, 77, 127, 131, 135, 143, 145, 167, 171, 181, 195, 197, 201, 209, 211, 213, 215)
NOËL (pages 29, 63, 91, 77, 181, 193, 195, 211)
REVOL (pages 145, 155, 165, 195, 213, 225, 231)
SCIECLE (pages 15, 25, 27, 29, 31, 57, 59, 69, 77, 85, 89, 93, 97, 103, 111, 113, 117, 121, 129, 153, 157, 171, 181, 187, 189, 201, 205, 225, 227, 229)
THE CONRAN SHOP (page de sommaire)
VILLEROY ET BOCH (pages 15, 19, 21, 27, 51, 57, 59, 103, 117, 127, 139, 157, 173, 175, 223, 227).

Photographies, Françoise Nicol
Stylisme culinaire, Catherine Madani
Relecture, Élisa Vergne
Création graphique et PAO, Anne Chaponnay et Michèle Andrault
Direction éditoriale, suivi d'édition et de production, Lec Edition
Direction de collection, Hélène Picaud et Emmanuel Jirou-Najou

Photogravure, Maury Imprimeur
Impression, Aubin Imprimeurs
Copyright De Gustibus 2005
Dépôt légal 4ème trimestre 2005
ISBN : 2-84844-007-4

Partez à la découverte de l'univers gourmand de Sophie :
Ses livres, recettes, conseils, cours de cuisine, produits gourmets
Et une chaleureuse maison d'hôtes normande.

www.lamaisondesophie.com

Sophie Dudemaine
La Maison de Sophie
14950 Saint-Etienne-La-Thillaye
Tél :0231656997